学校リーダーシップ養成講座

現場対応力を鍛える

千葉大学ジェネラルサポーター
NPO法人ちば危機管理研究支援センター理事長
星 幸広

大修館書店

現場対応力を鍛える　学校リーダーシップ養成講座

目次

第二章　組織を守る学校運営と保護者への対応

序　リーダーの力量が子どもたちの命を左右する

「天災」を「人災」としないために

事前の備えが十分ならば「天災」だけですむはず

①人間の力ではどうすることもできない天災

二〇一一年三月十一日に発生した東日本大震災は、何百年に一度というまれにみる大規模な天災でした。

大規模な天災とは、いうまでもありませんが、何らの予告なしに突然、発生するものです。したがって、それを未然に防ぐ有効な手立てはありません。つまり、われわれのふだんの生活においては、いろいろな出来事が起きることを予測・前提とし、それらに備えて事前の予防・対策を講ずることが大切なのですが、天災だけは人間の力ではどうすることもできません。

②天災発生時の基本は事前の備え

人間には天災を未然に防ぐ有効な手立てがないとしたら、われわれはいったい何をなすべきでしょうか。

この問いに対しては、**「天災の発生が阻止できないのであれば、それによって災害が発生したとき、どうすれば被害を最小限に食い止めることができるか」**、ということしかありません。そしてそのために、①日ごろからどういうことに取り組んでおくべきか、②実際に災害が発生した場合には、どのように行動すべきかを考え抜いて、いざというときには実行して動くことが重要です。

私は、こうした「事前の備えが危機管理の基本」だと思います。

今回の地震とそれにともなう津波の襲来、何百年に一度という大災害のなかからわれわれが学ばなければいけないことは、やはり「事前の備えの重要性」です。

③人災が加わると責任問題、損害賠償の対象になる

日ごろからやるべきことをしっかりやっておけば、今回のような大災害が発生しても、「天災」だけですむはずです。天災であれば学校はもちろんのこと、いかなる組織であれ、責任問題は生じません。つまり、誰かれの責任問題に発展することはありません。

しかし、災害時に何らかの落ち度があり、それが原因で被害が拡大したとしたら、いったいどうなるでしょうか。「天災」だけにとどまらず、そこに「人災」が加わってくると責任問題が発生し、損害賠償の対象になってきます。

現に、東京電力（以下、「東電」）福島第一原子力発電所の事故をめぐり、株主代表訴訟という制度で巨額の損害賠償請求訴訟が提起されています。

訴状によれば、株主側は地震が起きれば十メートル以上の津波が来襲するという予見はできたはずで、それに対する東電側の備えは不十分であったと主張しています。これに対して東電側は、株主の損失は地震と津波という天災を起因とするものであるとして、損害賠償の請求を拒否する構えです。

④学校現場は東日本大震災を他山の石として学ぶべき

今回の大津波は確かに何百年に一度という大規模な天災でした。同時に、われわれに貴重な学びの機会をも与えてくれました。

具体的には、今回のような大規模な天災では、どのような訓練を重ねたところで、予告なしに発生するものを完璧に防ぐことは不可能です。完璧な対応など、誰にもできないでしょう。

それでもなお、**「世間一般において、やってしかるべきだということをやっていたかどうかが重要である。突き詰めれば、予測されるあらゆる事態に対応するマニュアルを作成し、これにもとづいてやるべきことをやっていたかどうかが、訴訟を含めて責任問題や損害賠償の帰趨を左右する」**、ということを教えてくれたのです。

その意味からも、学校の責任者や管理職は、今回の東日本大震災時に学校現場で起きたさまざまな出来事をしっかり学び、知っておく必要があります。

大川小学校の悲劇を二度と繰り返さない

東日本大震災では、多くの住民が被災しました。

そのなかで、学校関係者が特に学ばなければいけないのは、宮城県石巻市立大川小学校の悲劇です。このような悲劇は、もう二度と起きてほしくないものです。

①大川小学校で何が起きていたか

石巻市立大川小学校は、東日本大震災発生時、全校児童一〇八人の小規模な学校でした。今回の大震災にともなう津波によって、そのうちの七十四人が死亡、または行方不明となりました。

警察は通常、遺体が確認できない人について、数年間は行方不明者として扱います。今回のような大災害に巻き込まれた行方不明者は、常識的にみても亡くなっていることはほぼ間違いないので、全校児童一〇八人中の約七割が亡くなったことになります。教職員十人も、死亡・行方不明になっています。

この大川小学校で、大震災発生後、どのようなことが起きていたのでしょうか。

私は、実際に現場を見ないことには詳しい事情がわからないため、大川小学校へ直接足を運び、当時の状況について多くの人たちから聞き取りをおこないました。

大震災で大川小学校の校舎が揺れたとき、児童たちは下校の準備中でした。当時、校長は不在で、教頭以下十一人の教職員と児童一〇八人、そして地域の人たちは、大川小学校のグランドが地域の避難場所であったため、みんなが集まってきました。

地震が起きたあと、津波が押し寄せてくるまでには、時間にして五十分ほどあったそうです。その間、教職員は、さらに高台となる校舎西脇にある裏山へ逃げるべきか、このままグランドにとどまるかということで意見がまとまらず、ゴタゴタしていました。裏山へ逃げようという教務主任の意見に対し、山はすべりやすく低学年の児童では登れない、木が倒れて危ないという反対の発言などで意見がまとまらないまま、いたずらに時間が過ぎてしまったのです。

　その結果、津波に巻き込まれて、多くの尊い人命が失われてしまいました。

②震災時のマニュアルは生かされていたか⁉

　私は、現場となった大川小学校のグランドに立ってみて、本当に裏山へは登れないのか、低学年の児童には無理なのかを検証してみました。実際は、どうということもない山でした。何のことはない、低学年の児童でも十分に登れる山でした。

　結論からすると、日ごろから地震が起きて、津波が押し寄せてくるというときの対応マニュアルや、それにもとづいていかに行動するかについて、同校の教師たちはあまり真剣に検討していなかったのではないかと、考えざるをえません。

　亡くなった先生たちには気の毒ですし、死者に鞭打つことになるかもしれませんが、私は同校の教師がもっとしっかり災害に備えていれば、児童たちの命は守れたし、自分の命も守れたのではないかと思います。保護者もまた、「どうして山に逃げてくれなかったのか」と、悲痛な声を絞り出しています。

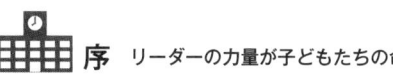

③リーダー不在の組織のもろさを体現した大川小学校

　大川小学校で起きた事実を正しく知らなければ、学校関係者は今後、どのようなことを改善すべきなのかがわかりません。自分たちに都合が悪いからといって、事実を伏せようという姿勢では、同じ轍をまた踏むことになります。今は、その責任の所在を明確にして、これから何をなすべきかを考えなければいけません。

たとえば、津波が押し寄せてくる恐れがあるときは、「一刻も早く、一センチでも高いところへ逃げる」というのが鉄則です。

しかし、校長が不在であった大川小学校には、この鉄則に従って、速やかに行動すべく判断するリーダーがいませんでした。リーダー不在の組織のもろさ、サブリーダーである教頭の力量不足が、大川小学校の悲劇を招いたと思えてなりません。

学校のリーダー、つまり校長が不在のときに指揮をとるのは、サブリーダーである教頭や副校長などの管理職です。教頭や副校長の「人間力」、すなわち教頭や副校長が日ごろから組織強化のために何を考え、何をやっているかが厳しく問われているのです。

そしてそのために、教頭や副校長は、自己の資質や力量を高める努力が常に求められ、実際に努力をしなければならないのです。

教育委員会はあいまいなマニュアルについて謝罪

①当初は謝罪を拒否していた石巻市教育委員会

東日本大震災後、石巻市教育委員会は当初、大川小学校で起きた全校児童の約七割にあたる七十四人の死亡・行方不明事故について、学校管理下の事故ではあるが天災による犠牲であり、学校側に責任はないとして謝罪を拒否していました。

ところが、震災から百日目の六月十八日、市教育委員会の事務局長が大川小学校合同供養式の席上で、教育委員会の対応に問題があったとして謝罪しました。まさに、百八十度態度を変えたわけです。

この態度変更の理由は、いったい何だったのでしょうか。それは、「マニュアルの存在」です。

市の教育委員会は二〇一〇年二月、市立の各小中学校に対し、「津波に対する二次避難場所」の選定を求める通知を出していました。当然、すべての学校がマニュアルを作成し、教育委員会に提出しました。

とはいえ、この地域に直近の大津波が襲来してから、もうかれこれ七十年以上が経過していますそのため、マニュアルを作成しても、現実味のないものになってしまうのは仕方のないことだったかもしれません。

教育委員会にしても、市立の小中学校がマニュアルを提出したか否かを確認するくらいで、内容の適否まで詳しくチェックしていなかったのです。

②欠陥マニュアルを指導しなかった責任を謝罪

大川小学校も、市の教育委員会にマニュアルを提出しています。しかし、津波が来襲したときの二次避難場所としては、「高台」としか書いていませんでした。

この「高台」とは、いったいどこのことか。漠然としたあいまいな記述について、教育委員会は「点検・指導しなかったことに落ち度があった」と、その責任を認めたのです。

マニュアルがなければなお悪かったのですが、マニュアルがあったとしても、児童たちにわかりにくいものでは意味がありません。漠然とした「高台」という記述だけでは、欠陥マニュアルといえます。

教育委員会は、その点について指導しなかった責任を認めて、謝罪したのです。

学校を預かる責任者の迅速な判断と決断が子どもの生死を分けた

①山田町立船越小学校と大槌町立赤浜小学校の場合

大川小学校と対照的な避難行動として引き合いに出されるのが、岩手県の山田町立船越小学校です。この小学校は全校児童一七六人で、大川小学校よりもやや大きな規模の小学校です。地震が発生したとき、学校にいた校長は用務員さんのアドバイスを聞き、ただちに児童や教職員たちを裏山へ避難させました。

地元の人である用務員さんは、昔のことをよく知っているばかりか、幼いころから耳にたこができるくらい「地震が起きたら、とにかく一センチでも高いところへ逃げろ」「他人のことはいいから、とにかく逃げろ」「津波てんでんこ」といわれて育ったそうです。そういう人が、「校長先生、ここでは危ない」と進言、校長も「よし、わかった」ということで、命令一下、児童や教職員たちを校庭より四十メートル高い裏山へ引っ張りあげて、全員が助かったのでした。

もうひとつの事例を紹介します。

岩手県の大槌町立赤浜小学校は、全校児童が三十五人ほどの小規模学校です。同校の当時の校長は女性ですが、震災当日、自ら陣頭指揮をとり、ヒザあたりまで海水に浸かりながら児童全員を引っ張りあげて、一人の被害者も出しませんでした。

②リーダーの迅速な判断・決断力の大切さを実証

この二つの事例を検討してみますと、**学校を預かる責任者の的確な判断と決断、そして迅速な行動力が子どもの生死を分けた**といっても過言ではありません。

平時では誰がリーダーであっても大きな違いはありませんが、今回のように、予告なしに大震災が起きた場合など、非常時にはリーダーの力量が結果を大きく左右するのです。本書を読んで、そのことをしっかり学んでほしいと思います。

第一章　大災害への対応と危機管理マニュアルの重要性

緊急時に重要なのはリーダーの決断力

小中学生の九九・八%が助かった「釜石の奇跡」

①奇跡の街と呼ばれた釜石市へ取材

私は、これまで三回、被災地へ取材に行きました。二回目に訪れたところは、新聞などで「釜石の奇跡」と大きく報じられた岩手県釜石市です。

二〇一一年三月十一日、釜石市は最大で十九・三メートルもの津波に襲われました。この津波による死者・行方不明者は、一一〇〇人を超えています。

当時の釜石市の総人口は三万九〇〇〇人余、このうち小中学生は二九二六人でした。市内には公立の小学校が九校、中学校が五校あるのですが、津波警報が発令されたとき、それら十四の小中学校には五人の不在校者を除いた二九二一人の児童・生徒がいました。このうち、津波に巻き込まれて亡くなった児童・生徒は五人です。つまり、在校していたすべての小中学生の九九・八％が助かったのです。

これがマスコミで報道され、いつしか「釜石の奇跡」と呼ばれるようになりました。なかでも、特筆されるべきは「釜石東中学校」です。私は、この学校にも直接取材に出向き、教職員など学校関係者や生徒、地域住民などから話を聞きました。

②釜石東中学校の震災当日の避難行動

あの日、地震が発生したとき、釜石東中学校の校長は出張中で、不在だったそうです。校内には二一二人の生徒と十六人の教職員がいました。留守を預かる副校長は、ふだんの避難訓練で決められていた手順に従い、避難を呼びかける校内放送を流そうとしましたが、停電のために校内放送が使えなかったということです。

同校の避難訓練では通常、地震などが発生したとき、生徒は全員グランドに出て整列し、点呼をとってから避難という手順になっているそうです。震災当日も、強い揺れが収まると生徒たちはつぎつぎとグランドに集合し、いつもの訓練どおり整列・点呼を始めました。

陣頭指揮をとっていた副校長は、地震の強さや揺れた時間の長さなどから、直感的に「どうも今までとは様子が違う。本当に大津波がくるのではないか」と思ったそうです。すると間もなく、堤防の方角で、ドーンと高く煙があがったのがみえたそうです。

これはあとでわかったことですが、高く舞いあがったのは煙ではなく、堤防に大波が打ちつけたときの巨大な波しぶきでした。

副校長は、「これは危ない！」というとっさの判断で、学校のなかで一番若い教師に向けて「整列も点呼もしなくていい。悠長なことをしていたら、津波にのまれる。誰かが逃げ道をつけなくてはいけないから、先生、大きな声で『逃げろ、早く逃げろ』と叫びながら、第一次避難場所であるグループホーム『ございしょの里』をめざして走ってくれ」と、指示を出しました。それで、「逃げろ、早く逃げろ」と叫ぶ若い教師に続いて、グランドに整列を始めていた生徒たちも、つぎつぎと避難場所へ向かって走り始めたのです。

③訓練どおりの行動をした東中学校生たち

釜石東中学校のすぐ近くには、全校児童三六一人の鵜住居《うのすまい》小学校があります。この小学校は、釜石東中学校とともに釜石市の津波浸水予想範囲の外にあったため、校舎の三階を児童たちの避難場所に指定していました。

実際、震災当日もここまで津波がくることはないだろうという判断で、翌日の卒業式に備えた準備作業や卒業記念品制作のために在校していた児童たちは、教職員に誘導されながら校舎の三階へ避難し始めていました。

そのときです。

釜石東中学校の生徒たちが「逃げろ、早く逃げろ」と、叫びながら走ってくるのがみえました。それればかりか、先頭を走っていた生徒たちが同校に立ち寄り、児童たちを連れて逃げ始めたのです。

これまでも、隣接するこの二つの小中学校は合同で避難訓練をし、いっしょに逃げる練習をしていたそうです。今回のこの中学生たちの行動は、これまで何回となく繰り返してきた訓練どおりの行動であったわけです。

中学生と小学生がいっしょになってまず避難、そこに地域住民も加わって、みんなで尊い命を守ろうと高台へ避難したことが、「釜石の奇跡」につながったのです。それは、後述する釜石東中学校の防災教育スローガン、**「助けられる人から助ける人へ」**が生きた瞬間でした。

最初の避難場所を危険と即座に判断して、さらに高所へ避難

①先生、ここも危ねぇとおばあちゃんがアドバイス

釜石東中学校がある地域の第一次避難場所は、前述のとおり、同校から七〇〇メートルほど離れたグループホーム「ございしょの里」です。

ここをめざして、子どもも大人もみんなが避難したのですが、小高い山のすぐ脇にあるグループホームの庭には、地震の揺れで山から転がり落ちてきた巨大な岩石があったそうです。私が取材したときも、まだその巨大な岩石は残っていました。

それでも、そこは指定された避難場所です。当初、小学生や中学生、それに地域の大人たちは、やっと安全な場所にたどり着くことができたと、誰もが安堵しました。

ところが、グループホームの庭に落ちていた巨岩をみて、地元の中学生数名やおばあちゃんたちは、「これは今、地震で転がり落ちてきた岩だ」「先生、ここも危ねぇ」などと声をあげ、さらなる避難の必要性をいい出したのです。

②素早い判断と決断が多くの命を救った典型

それで、「もっと高台に逃げよう」ということになり、グループホームからさらに

三〇〇～四〇〇メートルなだらかな坂をあがったところにある第二次避難場所、介護福祉施設「やまざき機能訓練デイサービスホーム」まで、地域の人や中学生たちが小学生たちの手を引いて逃げたのです。

この第二次避難場所にたどり着いたとき、大津波がぐっと押し寄せ、さきほどまでみんなが避難していたグループホームの二階までが、水に浸かってしまったとのことでした。つまり、子どもたちがあの第一次避難場所にそのままとどまっていたら、おそらくもっと大きな被害、きっと全滅していたであろうということです。

地域のおばあちゃんのひとことが、多くの命を救った典型です。

第一次避難場所での素早い判断、「もっと高台に逃げよう」と決断して、さらに高所へと避難したために、全員が助かったのです。

災害時には一刻の猶予もない場面に遭遇することも

時間は少し前後しますが、こうした状況を出張先から学校へ戻る途中の峠からみていた釜石東中学校の校長は、「これは危ない」ということで、急いで学校まで駆けつけたそうです。

校長が学校に帰り着いたとき、同校の生徒・教職員は全員がすでに避難していて、副校長が校内を巡回・点検し、全員の無事避難を確認し終えたところでした。副校長は、学校に帰って来た校長に対し、「生徒も教職員も、全員無事避難させましたから、校長も早く避難してください」と報告したところ、校長もなかなかの人物です。「自分の目で確認する」ということで、副校長を先に避難させたあと、校長は逃げ遅れた者がいないかを確認して回ったそうです。そして、校長は最後に避難しました。

しかし、校長が第一次避難場所であるグループホームまでたどり着く時間的な猶予はすでになく、避難の途中で津波がすぐ後ろまで迫っていました。それで、校長は岩がところどころ突き出ている急な崖を逃げあがり、間一髪のところ、どうにか助かったとのことです。

リーダーのいない集団は弱い

①災害時は特にリーダーの決断が重要

序で紹介した大川小学校と、この釜石東中学校の二つの事例を通じていえることは、「リーダーのいない組織・集団は弱い」ということです。

東日本大震災の発生時、どちらの学校も管理者である校長は不在でした。

しかし、今回のような災害時には、「リーダーの決断力がきわめて重要」です。死ぬか生きるかという場面に遭遇したとき、すぐに決断を下さなくてはいけません。まさに、一刻を争っているのです。あっちがいいとかこっちがいいとか、そのような意見を聞いているゆとりなど、まったくないのです。

②強いリーダーシップこそが不可欠である

残念ながら、石巻市立大川小学校では、リーダーが不在であったため、多くの児童が亡くなりました。幸いにも助かった児童は、家族が迎えに来た子ども、あるいは津波に打ちあげられたとき、避難途中の地元の人たちに運よく首をつかまれたり、足を引っ張られたりして、引きずりあげられた子どもたちだけです。

こういう子どもたちだけが助かっている現実を目の当たりにしますと、あらためて強いリーダーが必要であり、重要であることがわかります。

実例に学ぶ！理想的な防災対策とは

何が子どもの生死を分けたのか

岩手県から宮城県にかけての三陸海岸では、おおむね同じ時間帯に、二十メートルから場所によっては四十メートルもの津波が押し寄せました。

大変な高さの津波を受け、石巻市の大川小学校のように全校児童の約七割が死亡・行方不明となった学校もあれば、釜石市のように市内の小中学生のほとんどが助かっている地域もあります。

いったいどこに、子どもたちの生死を分けるものがあったのでしょうか。

子どもたちの人的被害がきわめて少なかった「釜石の奇跡」は、ふだんからの防災教育が功を奏したとされています。私は、釜石東中学校の当時の副校長村上洋子先生にお会いして、この中学校の防災教育を詳細に伺ってきました。そして、そのなかから結論が出たような気がしました。

釜石東中学校の防災教育プログラム

①先進的な釜石市の防災教育プログラム

三陸海岸は、よく知られているように津波災害の頻発地域です。

釜石市はこうした地理的な状況をふまえ、公立学校や地域の「防災教育プログラム」の開発や実践に力を注いできました。同市が小中学校向けにつくった「手引き」では、一九三三年（昭和八年）にこの地域を襲った「昭和三陸地震」とそれにともなう大津波の写真、二〇〇四年（平成十六年）のスマトラ島沖地震・インド洋津波の動画などを利用して、津波の威力を実感できるようにさまざまな工夫をしています。

また、釜石市では、地域を実際に歩いて「防災マップ」を手づくりすることを、市内の小中学校に奨励しています。

今の子どもたちは、家のなかでテレビゲームなどをして遊ぶことが多く、自分の住んでいる町のことを案外知りません。そこで、小学生や中学生、教師たち、保護者や地域の人がみんなでいっしょに町を歩き、災害が発生したときに弱い場所を地図に記入しながら、防災マップを自分たちでつくりあげていくというものです。

②釜石東中学校の全校防災学習の取り組み

こうした全市的な防災教育活動に加え、釜石東中学校は防災教育プログラムの「開発・実践協力校」の指定を受け、二〇〇八年度から全校防災学習に積極的に取り組んでいます。

同校の防災教育のねらいは、つぎの三項目です。

> ①「自分の命は自分で守る」
> ――地震・津波の知識を身につけ、避難できる生徒の育成
> ②「助けられる人から助ける人へ」
> ――家庭・地域の一員としての自覚を高め、行動できる生徒の育成
> ③「命てんでんこ」
> ――地域の防災文化の継承者の育成

この三つの目標に向かって、釜石東中学校は小中学校合同の避難訓練や、津波防災

講座への参加、「安否札」の配布などの防災教育をおこなっているそうです。

通常、防災教育とか避難訓練は学校単位でおこなうものですが、前述のとおり、釜石東中学校と鵜住居小学校は距離的にきわめて隣接した位置にあります。こういう位置関係にある小学校と中学校ですから、兄弟姉妹が両方の学校に通学している家庭も少なくありません。

このような事情から、釜石東中学校では児童や生徒たちだけでなく、保護者や地域の人たちを含め、「みんなの防災訓練」ととらえているのだそうです。

釜石東中学校の合言葉　それは「地震が一分以上続いたら高台へ逃げろ！」――

地震や津波を想定した釜石東中学校の避難訓練で、常々口にしていること、それは「地震が一分以上続いたら高台へ逃げろ！」という言葉です。これが、学校全体の合言葉でもあるそうです。

小学生でもすぐに覚えられる、「一行だけのシンプルなマニュアル」。これが今回の災害で生かされ、前述した「素早い避難」につながったのです。

地域ぐるみの防災訓練「助けられる人から助ける人へ」――

①合同避難訓練のテーマは遅れている小学生を助けながら逃げる

釜石東中学校と鵜住居小学校の二〇一〇年度の合同避難訓練のテーマは、「遅れている小学生を助けながら逃げる」だったそうです。

こうした訓練を重ねていたため、あのとき中学生が小学生を引っ張って避難することができたのです。小学生と中学生、地域の人たち、みんながいっしょになって避難し、命を犠牲にすることなく、在校児童や生徒のすべてが助かったのです。

前述しましたが、釜石東中学校と鵜住居小学校は、いわゆる「ハザードマップ」の津波浸水予想範囲の外に位置しています。このため、当初、鵜住居小学校の児童たちは、校舎の三階に避難しようとしていました。その後、押し寄せて来た津波は小中学校の校舎三階までを直撃。中学生が、小学生に「逃げろ！」と叫んで避難を促し、いっしょに高台の避難場所まで逃げなければ、おそらく多くの犠牲者が出ていたことでしょう。

②釜石市では学校と地域が連携した防災訓練を実施

高台へと向かった児童や生徒たちは、第一次避難場所である「ございしょの里」の庭に逃げました。ところが、そこの庭に巨岩が落ちていたのをみて、地域のお年寄りが「ここも危ねぇからすぐ上に行け」と声をあげてくれた。それで、さらに高台の第二次避難場所である「やまざき機能訓練デイサービスホーム」に逃げて、全員が難を逃れたわけです。

これが学校だけの避難、教職員と児童・生徒たちだけの避難であったら、いったいどうなっていたでしょう。土地の事情に詳しいお年寄りがいなかったら、第一次避難場所にとどまって、津波に襲われていたかもしれません。

小学校と中学校、そして地域とも連携した防災訓練というのは、全国でもほとんど例がないのではないでしょうか。

人間としての基礎教育にもつながる防災教育

こうした防災訓練は防災教育をテーマにしながら、地域の人たちとどうかかわるべきか、地域に対してどう貢献するべきかという、社会人としての基本も教えることができます。

釜石東中学校の防災教育は、単に災害が起きたらどう行動するかということだけでなく、大人になってもどこにいっても、的確・適切に対応できる「人間としての基礎教育」というところに、目線を置いているといって過言ではないでしょう。

同校の村上副校長は、「当たり前のことを当たり前にやっていれば、道は開けることを教えたい」と述べていましたが、防災教育が「防災」だけで終わることなく、子どもたちの人とかかわる能力を引き出そうとしているという厚みのあるところに、私はとても感銘を受けました。

校長は「学校についてのビジョンを語ること」が重要

①学校は地域との連携強化が必要

学校は、災害にかぎりませんが、いろいろな意味で地域に守ってもらうことが多いものです。学校の安全のためにも、また学校に通う児童や生徒の安全のためにも、たとえば不審者が学校付近でウロウロしているのを目撃したら、地域の人たちから通報してもらうなど、学校は地域との連携を強めていく必要があります。

ところが、保護者や地域の人たちからは、「学校は協力してくれというけれど、何をどう協力すればよいのかわからない」という話をよく聞きます。

協力したい気持ちはあるが、実際に何をどう協力すればよいのかが、よくわからないというのです。

②校長が自らの学校経営ビジョンを語る大切さ

ですから、私は、校長が「学校経営についての自分のビジョンを語ること」、このことがとても重要だと思います。保護者だけでなく、地域の人たちに対しても、「自分はどういう考えをもっていて、どういう学校をつくりたいと思っているか」ということを、機会があるごとに繰り返し、それもわかりやすく詳しく説明することが重要だと思います。つまり、校長自らが、「やろうとしていること、やっていること、そして学校としてやれる限界」を、直接に語りかけることの重要性の認識です。

そのうえで、「私のビジョンを実現するためには、学校だけでは人手が足りない。保護者や地域のみなさんにこの人手不足を補うために、可能であれば、こういうことを協力してほしい」と、はっきり要請すべきなのです。

コミュニケーション・ツールで学校と地域の連携を深める

私の知るかぎりでは、「校長室便り」という形で、校長が毎日のように情報を発信している学校があります。これは、学校経営全般についていえることですが、「校長室便り」のようなコミュニケーション・ツール（道具）があるところは、学校と地域の相互理解がとてもスムーズです。

学校は今、こういうものを求めていますと、機会あるごとに保護者や地域に知らせていく以外、学校と地域の連携を深める方法はないと思います。

そのきっかけづくりに役立つものが、釜石東中学校がおこなっているような「地域ぐるみの防災訓練」だと思います。「こういう訓練をおこないますので、地域のみなさんもどうぞご参加ください」と、学校に足を運んでもらう機会をつくることは、とてもよい考えだと思います。

「ぼうさい甲子園」で連続受賞した「安否札」

もうひとつ、釜石東中学校のユニークな防災教育を紹介します。

それは、「安否札一〇〇〇枚配布大作戦」という試みです。「安否札」とは、釜石東中学校の生徒が独自に考案したもので、災害が起きたときに避難したことを知らせる札を玄関に出しておけば、安否確認が簡単にできるという優れた札のことです。

釜石東中学校では、二〇〇九年度にこの安否札をつくり、一〇〇軒の家庭に配布しました。この活動が高く評価されて「ぼうさい甲子園（一・一七防災未来賞）」（主催・毎日新聞社、兵庫県、ひょうご震災記念21世紀研究機構）で、最優秀賞の「ぼうさい大賞」を受賞しました。

二〇一〇年度はこの活動をさらに広げて、前年度の十倍の一〇〇〇枚の安否札をつくり、生徒が一人五枚各地区に配布して、災害時に札を玄関に出して避難するように呼びかけました。釜石東中学校の学区内には、三〇〇〇軒以上の家庭がありますが、三年で全戸に配布する計画だそうです。この長期的な活動も高く評価されて、優秀賞を受賞。二年連続の受賞となりました。

この安否札は生徒が考案したものですが、その背後には、おそらく教師たちの指導があったと思われます。こうした教師たちの的確なアドバイスによって、生徒たちが自主的に動いたものと思います。

このほか、釜石東中学校の生徒たちは県立宮古工業高校と連携して、津波のメカニズムを知る講座を受講しています。この講座では高校生が津波の浸水模型をつくり、それを同校にもち込んで出前講座をするという試みですが、このような機会も有効に活用して「最高レベルの防災教育」を主体的におこなっています。

認定証で楽しく積極的に防災を学ぶ

① 「積極的に楽しく」学ぶがモットーの釜石東中学校の防災教育

防災教育は、確かに大変な面もあります。しかし、釜石東中学校では消極的な受け止め方をするのではなく、それを積極的に楽しく学ぶことに焦点を置いています。

そのためのひとつの仕掛けが、「認定証」です。そして、防災学習を「ＥＡＳＴレスキュー」と名づけ、生徒たちに興味をもたせるようにしています。ちなみに、ＥはEast（東中学生）、ＡはAssist（手助け）、ＳはStudy（学習する）、ＴはTsunami（津波）を意味しています。

小中学校合同の避難訓練、津波防災講座への参加、安否札の配布などの活動内容に応じて、「ＥＡＳＴレスキュー隊員一級合格者」の認定証を発行しています。

それぞれの活動は、特段むずかしいことではありません。新入生は、上級生のまねをしながら、避難訓練を通してその手順をからだに覚えさせていきます。「まねっこするのは簡単だ」ということで、楽しみながら防災を学習するのです。

そして、すべての活動にたずさわった生徒たちの成長を認めて、レスキュー隊員として認定するのです。

②生徒たちの防災意識を高める認定証制度

「津波防災について学び、助けられる人から助ける人に成長しました」と明記された認定証は、生徒たちの防災意識を高めるために役立っているようです。

学校の防災訓練といえば、学校側が内容を決めて、児童や生徒たちは決められた内容をこなすのが一般的です。

ところが、釜石東中学校では、生徒たちに対して「防災のアイデア」を求めるなど工夫して、自主性を育てています。ちなみに、生徒たちにアンケートをとったところ、

認定証

ＥＡＳＴレスキュー隊員１級

釜石市立釜石東中学校

○年　○○○○

あなたは、釜石東中学校において、津波防災について学び、助けられる人から助ける人に成長しました。ここにその功績を認め、ＥＡＳＴレスキュー隊員１級を認めます。

平成22年　月　日

釜石市立釜石東中学校

校長　○○○○

認定証の例

このような「認定制度をもっと広げてほしい」という意見が多かったそうです。

村上副校長は、「防災教育を通じて防災だけでなく、地域を知り、また人とのかかわり方も教えていきたい」と話を結びました。

マニュアルがないのは致命的な問題

高台から低地へ幼稚園バスを出した日和幼稚園

私は、被災地への三回目の取材時に、「私立日和《ひより》幼稚園」のある宮城県石巻市へ行ってきました。この幼稚園は新聞などでも報道されましたが、津波で園児五人が亡くなってしまい、現在、その遺族と裁判をおこなっています。

①惨事は地震発生後のわずかな時間に起こった

三月十一日の地震発生から約十五分後、幼稚園の送迎バスは、園児十二人を乗せて幼稚園を出発しました。当時、大津波警報がすでに発令されていましたが、高台にある幼稚園から海沿いの地区に向けてバスは走り出し、七人の園児を順番に降ろしたあと、あの津波に巻き込まれてしまいました。バスは横転して、付近で発生した火災によって炎上。四～六歳の園児五人が、不幸にも死亡してしまいました。

亡くなった園児四人の両親は、「津波がくることがわかっていながら、高台にある幼稚園に子どもをとどまらせずに、どうして低地である海沿い地区へ送迎バスを出したのか。とどまっていれば助かった命であるのに、子どもが亡くなったのは幼稚園側が安全配慮義務を怠ったためだ」として、二〇一一年八月、幼稚園を運営する学校法人と園長に対し、総額二億六〇〇〇万円の損害賠償を求める訴えを起こしました。

取材で実際に現場へ行ってみますと、確かに日和幼稚園は日和山公園という高台に位置しています。

②訴訟になった日和幼稚園バス事故の責任

私は、亡くなった子ども四人の両親の訴えに対し、幼稚園側がどのように対応するのかを注目していたのですが、幼稚園側は争う立場を鮮明にしました。

同年十月、第一回口頭弁論が開かれました。

そこでは、原告側の弁護士が、「園長は十分に情報収集をしないまま送迎バスの出発を指示しており、安全配慮義務を怠った」と主張したことに対し、幼稚園側は「一刻も早く保護者の元に送り届けて安心させたいと考え、送迎バスを出した。津波は予見不可能だった」と反論しました。つまり、「結果として、子どもを死亡させてしまったが、幼稚園側に落ち度はない」と反論して、全面的に争う姿勢を示したのです。

私はこの訴訟、結論が出るまでには長い時間がかかると思います。

マニュアルの不在は致命的な結果を招く

それでは、もし、日和幼稚園に避難訓練の「マニュアル」があり、津波警報発令時の園児引き渡し要領などが定められていたとしたら、この裁判の行方はいったいどうなるでしょうか。

①マニュアルは最低限の決まりごと
マニュアルとは、最高のところではなく、最低のところを定めた決まりごとです。それをつくってさえおけば、何が起きたとしても幼稚園として最低限やるべきことはやったということになるのですが、**マニュアルがないことは、その組織や集団にとって致命的な結果となりかねません。つまり、責任をとるかどうかの、分かれ目に立たされることになります。**

日和幼稚園の場合も、まさにこの点が争われることになると思います。

軽軽に予測をいうことは控えますが、幼稚園や学校がこのように訴えられるのは、おそらく全国で初めてであり、今後の推移を注意深く見守りたいと思います。

②今こそ、マニュアルの重要性・必要性の認識を

ところで、石巻市内には、幼稚園が十二園あります。そのうち、日和幼稚園をはじめとして四園、ちょうど三分の一が今回の地震と大津波で閉園、あるいは休園に追い込まれているようです。

私が、石巻市で何人もの幼稚園関係者から取材したところ、幼稚園の「管理下で園児が亡くなると、幼稚園はつぶれる」ということが、関係者の間では定説になっているそうです。

今の幼稚園業界は、昔のように子どもがどんどん増えている時代ではありませんから、地震や津波で園舎がなくなったとか、園児が亡くなって損害賠償で大きな支払いが発生したとなると、それを立て直せるほどの経営基盤をもっている私立幼稚園はほとんどないのが実情でしょう。そのために、そのまま閉園へと追い込まれるのだと思います。

こうした実情・状況を直視して、今一度、「マニュアルの重要性・必要性」を認識してほしいと思います。

二十五人の教習生が亡くなった自動車教習所の場合

日和幼稚園と同じような経過をたどっている事例が、もうひとつあります。

宮城県山元町の常磐山元自動車学校では、送迎用のマイクロバスなど数台が津波に襲われ、十八～十九歳の教習生二十五人が亡くなりました。二十五人の遺族四十六人は、「教習所が迅速に避難させていれば犠牲者は出なかった」として、自動車学校を相手にやはり二〇一一年十月、総額十九億三〇〇〇万円余の損害賠償を求める訴訟を起こしたという事例です。

①合計三十四人が亡くなった常磐山元自動車学校の事例

三月十一日の午後二時四十六分、地震発生後、常磐山元自動車学校の教習生ら約四十人は校舎が壊れる恐れがあったため、一時的に校舎外や車外に避難しました。その後、屋外では寒いであろうという学校側の判断で、教習生らは教官などの指示のもと送迎用のマイクロバスに乗り込み、教習再開まで車内待機をしていました。

しかし、午後三時二十分前後に停電となったため、学校側はその日の教習を打ち切り、教習生らを帰宅させることにしました。教習生らはマイクロバスやワゴン車、教習車など計七台に分乗して、午後三時四十分ころに出発。その約十分後、山元町の沿岸部に津波が押し寄せ、七台のうち四台がのみ込まれたのです。

津波で亡くなった教習生は、四台の車に分乗していた二十三人と、教習所から歩いて帰宅した二人の合計二十五人。学校側も津波で校舎が壊滅し、在校中であった校長や教官、事務員ら五人が犠牲となり、マイクロバスなどの送迎車を運転していた教官四人も亡くなりました。

②避難マニュアルの不在と危機感の欠如は重大

亡くなった教習生二十五人の遺族会によると、自動車学校側は当初、「津波の際の避難マニュアルは用意しておらず、対応にも危機感がなかった」ことを認めていました。しかし、話し合いを重ねていく過程のなかで、「今回のような大規模津波は予見できなかった。仮に予見できたとしても、教習生たちは自主的に避難可能であった」などとして、「学校側の対応に過失はなかった」とする文書を遺族に送ってきました。

これに対し、遺族側は「地震発生後、警察や消防が拡声機で避難を呼びかけていたこと、大津波警報が出たことを、学校側は認識していた」ことを指摘しています。

また、学校側が避難指示を無視して、沿岸部にある学校の教習所内に教習生を待機させたことについて、「避難指示が出ていたにもかかわらず、三月は繁忙期であることから、安全よりも授業再開を優先させ、教習生に待機指示を出した学校側の過失は重大である。速やかに避難させていれば、今回の事態は防げたはず」と反論しています。

迅速に避難していれば犠牲者は出なかったであろうと考えられる点、津波の際の避難マニュアルがなく対応に危機感がなかった点、大津波警報が出たことを学校側が認識していた点など、大川小学校の事例との類似点がいくつかみられます。

マニュアルをもたなかったある有名企業の不祥事

マニュアルがないということは、災害時だけでなく、日常の企業活動等においても致命的となることがあります。

ひとつの典型事例を紹介しましょう。

①マニュアル不在を追及された老舗有名製菓企業

二〇〇七年一月、老舗菓子メーカーのひとつ「株式会社不二家」が、消費期限の切れた原材料を使って菓子類を製造していたことが発覚し、大きな社会問題となりました。当時の新聞によると、不二家は消費期限切れの牛乳を使用して、シュークリームやケーキなどをつくり、十都道府県に出荷していたとスクープされたのです。

この記事は、食べ物を製造・販売する企業にとって、会社存亡にかかわる重大な過失を指摘するものです。当時の社長はすぐに記者会見を開き、「報道は事実無根である。不二家は、使い残した牛乳はすべて当日中に廃棄処分し、翌日は新しい牛乳で製造している」旨を発表して、その報道を全面的に否定・反論しました。

すると、記者たちからあらためて、「それが事実ならば、全従業員に『使い残した牛乳はすべて捨てる』ということを指示・徹底する旨の作業工程表、いわゆるマニュアルがあるだろうから、それを出してくれ」と追及されたのです。

しかし、不二家には、その「マニュアル」がありませんでした。一見、時代の先端企業であるかのようにみえた不二家ですが、その内実は同族経営のような古い経営体質であったようで、この種の指示命令などは一切文書として残さず、口頭ですませていたようです。

そのため、スクープ記事の真偽のほどはいったんわからないままになってしまいましたが、廃棄する手順を明確にするマニュアルがなかったということで、マスコミからは厳しく糾弾されました。

②行為の証明手段となるマニュアル

この報道、最終的には会社の従業員から内部告発があり、当時の経営陣はその事実を認めざるをえなくなったばかりか、創業一族の社長は退陣に追い込まれました。

このことでもわかるように、**マニュアルは、「自分たちが正しく仕事をしていることを証明してくれるもの」**であるわけです。逆に、**マニュアルがなければ、「自分たちの仕事は何かに裏打ちされた正しいものであることを証明する手段がない」**ということになります。

マニュアルや作業工程表、それらの存在がいかに重要であるかということを、理解していただけたでしょうか。

女児死傷交通事故と教師の添乗マニュアル

前の事例とは逆に、マニュアルがあったため、関係者が責任を問われなかった事例を紹介します。

それは、二〇〇九年四月八日、広島県呉市の小学校に入学して二日目の女児二人が下校途中、バスでの下校指導をするために教師一人が添乗していた路線バスにひかれて、死傷した交通事故の事例です。通常ならば、添乗指導していた教師や学校側に落ち度があったとして、責任・賠償問題に発展しかねない事例ですが、それらは一切問われませんでした。

①女児二人の死傷交通事故はこうして起こった

呉市には、比較的広範な通学区域を有する小学校が多く、スクールバスで児童を送迎している学校もあれば、死傷事故のあった小学校のように路線バスでの通学を認めている学校もあります。

くだんの小学校は四月六日が入学式。新入生は、入学後の十日間は給食がありません。その期間は、教師が児童といっしょに路線バスへ添乗し、下校の指導をします。事故にあった女児二人は、自宅近くの停留所で路線バスから降りたとき、反対側の歩道に親がいることに気づき、親元へ向かって路線バスの前を横切ってしまいました。バスの運転手からはちょうど死角。さらに、不運は重なるもので、一年生の女児は小さくまったくみえなかったのです。そのため、女児二人に気づかないまま路線バスは動き出し、ひいてしまったのでした。

女児二人のうち、一人は亡くなり、もう一人は肩の骨を折る重傷を負いました。

②教師の添乗任務をマニュアル化していた学校

事故当初、親など保護者のなかから、「先生が路線バスに乗っていたのに、どうして事故にあったのか」という声があがったそうです。通常ならば、教師・学校側に落ち度があったとして、責任・賠償問題に発展しかねない事例ともいえます。

ところが、この小学校では、教師に向けた「添乗任務についての指導マニュアル」をつくっていました。そこに明記されていた教師の任務は、

> ①バスの乗り降りの仕方を教えること
> ②降りる停留所を知らせるボタンをどのように押すかを教えること
> ③ほかの乗客へ迷惑をかけないように車中でのマナーを教えること

の三項目です。つまり、教師の添乗任務は「バスのなかに限定される」ということをあらかじめ確認し、それをマニュアルに残しておいたのです。

今回の事故は、女児が路線バスを降りた直後の出来事であり、気の毒な事案ではありますが、教育委員会や学校側はマニュアルを根拠に、学校管理下の事故にはあたら

ないという決定を出しました。親の後ろ盾として、それなりの人物がいたであろうと思われますが、学校側を相手に損害賠償の訴えはむずかしいという判断の結果でしょうか、責任の追及はその時点で終わりました。

この穏便な決着は、教育委員会や学校側の誠意ある対応もさることながら、何より**学校側が文書化したマニュアルの作成という確実にやるべきことをやっていたこと**が、大きかったと思います。

③マニュアルが責任・賠償問題から個人や組織を守る

一般に下校指導は、口頭指示がほとんどだと思います。

たとえば、「先生たち！　子どもたちにはバスに乗ったら、ピンポンを押すのを教えてください」と、その程度のことだけが口頭で伝えられ、何らの文書も残っていないのではないでしょうか。

この事案においても、その程度の口頭指示だけであったなら、また「添乗任務についての指導マニュアル」のように指導内容が文書化されていなかったなら、いったいどうなっていたでしょう。

路線バスを降りて、数秒のうちに子どもが一人亡くなっているわけです。親の心情からして、おそらく容赦はしなかったであろうと思います。まず間違いなく、訴訟になっていたでしょう。

繰り返しになりますが、この事例のようにマニュアルが存在していたことによって、一教師が救われただけでなく、学校の管理責任や損害賠償を問われる事態を防ぐことができたのです。手順や内容を文書化してマニュアルをつくるということは、本当に大きな影響力をもち、かつ重要なことなのです。

震災後の意識が高まっている今こそマニュアルを作成するチャンス

学校現場は危機管理マニュアルの重要性を学んでほしい

①いまだに危機管理マニュアルがない現状

東日本大震災が発生してから、すでに一年以上が経過しました。被災地の幼稚園や保育園、小学校や中学校では、地震とその後の大津波によって多くの尊い子どもたちの命が失われました。

それにもかかわらず、学校現場では地震や津波対策について、いまだにマニュアルをつくっていないところがいっぱいあります。実際、私は年間八十回近く、全国各地で危機管理についての講演をおこなっているのですが、講演後、参加者にアンケートをとってみますと、そこには「勤務校にはまだ危機管理対策がない」「避難マニュアルがないので非常に不安だ」という声が、学校の教師たちから多数寄せられます。

石巻市の大川小学校の悲劇から何も学んでいない。あれだけ多くの犠牲者が出たのに、そのなかから何も学んでいないとは、いったいどういうことでしょう。

人間とは、「なるほど、そうか」と頭で理解しただけでは、決して動き出しません。自分が身を切られるほどの痛い思いをしなければ、本当の必要性を理解しない、動き出さないものだとつくづく感じます。

②非常時にとっさの適切な判断・対応ができるか

地震や津波にかぎりませんが、「非常事態」は予告なしにサッと来て、一瞬で終わります。このような突発的な出来事に見舞われたとき、完璧な対応など、おそらく誰にもできません。不十分なことしかできないうちに、終わってしまうでしょう。

そこで問題となるのは、「とっさの対応が間違っていた場合、その誤りが社会的に許される範囲のものなのかどうか」ということなのです。

日ごろから十分な備えをしておけば、災害が発生して被害を受けても、それは「天災」です。**必要とされる備えをやっておき、やるべきことをやっておけば、実際の対応が必ずしも十分でなくても社会的には許される**のです。

ところが、備えがまったくなく、とっさの対応に許されないような不備・誤りがあり、その結果として被害が拡大したなら、それは「人災」となります。そこでは、管理者の責任が問われ、損害賠償が求められることもあります。

これが「天災」と「人災」との違いです。

③学校現場はマニュアルの重要性を学んでほしい

もう一度、大川小学校で起きたことを考えてみます。

あの日、大川小学校の校庭では、どこへ逃げるべきか意見がまとまらないまま時間が過ぎて、結果的に大津波に巻き込まれてしまいました。亡くなったみなさんは本当に気の毒ですが、ここでの対応の誤りは「逃げなかった」ことです。

論じているよりも、まず行動すべきでした。百点満点の対応でなくてもよいから、まず動いて、逃げるべきだったのです。

序で、石巻市の教育委員会が大川小学校の避難マニュアルに不備があったこと、そしてその点検・指導を十分にしなかった自らの落ち度を、遺族に対して謝罪したことを紹介しました。仮に、大川小学校が提出した避難マニュアルに、避難場所は「高台」というあいまいな表記ではなく、具体的な場所がはっきりと明記され、それに沿った避難訓練がおこなわれていたとしたら、どこに避難するかについてもめることもなかったし、あの日の被害状況は違うものになっていたのではないか、また、教育委員会が遺族に謝罪することもなかったのではないかと、私は思えてなりません。

その思いが強いからこそ、私はここで、「学校現場はマニュアルの重要性をしっかり学ばなければならない」ということを、声を大にして強調したいと思います。

マニュアルによって、責任問題や損害賠償の行方が決まる

①急速に見直されているマニュアルの社会的価値

危機管理の講演で、私は「マニュアルの重要性」を繰り返し話しています。しかし、世の中にはまだマニュアルについて、必ずしもよい印象をもっていない人がいるようです。

確かに、一昔前には「マニュアル人間」という言葉が、よく聞かれました。この言葉は、あまりよい意味では使われず、「あいつは、マニュアル人間だからなぁ」といえば、マニュアルに定められたとおりにしかできない人間、それ以上のことはできない人間と、むしろ否定的な意味合いで使われていました。

しかし、マニュアルについての社会全般の考え方は、近年、大きく変わってきてい

ます。これまで紹介してきたように、大規模災害から日常の業務内容に至るまで、適切な手順で対応していることを証明できるものは、文書化されたマニュアル以外にありません。その社会的な価値は、急速に見直されているといってよいでしょう。とりわけ、民間企業などではマニュアルの重要性や価値性を敏感に受け止め、その作成とそれに沿ったていねいな行動をしています。

②マニュアルのないことが致命的になることも

それでもなお、「マニュアルなどをつくっても、とっさのときには役に立たない」と主張する人がいます。そういう人は、危機意識が低い人としかいいようがありません。

マニュアルがとっさのときに役立たないのは、作成されたマニュアルがもともと役に立たない程度のものか、あるいはよいマニュアルであっても、それを使いこなすだけの力量が教職員等にないか、そのどちらかだと思います。

そして、それ以前の問題として、より重大なことはマニュアルが作成されていないという事実です。マニュアルとは、最低限ここまではやるということを証明するものです。ですから、マニュアルがないという事実は、学校などの組織や企業などの集団にとっては、致命的な問題を引き起こしかねません。

ここでもう一度、「**マニュアルの有無によって、責任問題や損害賠償を負うかどうかが決まることがある**」ということを、しっかり認識してほしいと思います。

誰でも簡単に使えるのが最高のマニュアル

このような時代の流れのなかで、あらゆる組織・団体が早急になすべきことは、「使えるよいマニュアルをつくること」です。

①使えるよいマニュアルとは具体的でシンプルな内容

では、よいマニュアルとは、いったいどのようなものなのでしょうか。

私は講演のたびに、マニュアルの重要性を力説しているからでしょうか、全国の学校や教育委員会などから、自作マニュアルの内容をチェックしてほしいという依頼をいただき、実際にたくさんのマニュアルが送られてきます。

それらマニュアルを検討してみますと、実際に使えそうなマニュアルは、本当にごくわずかです。使えるよいマニュアルとは、地域の実情に即した具体的で、シンプルな内容が記載されているものなのですが、そういうものはごく少数です。その原因は、おそらく参考とするマニュアルテキストがあり、それをほとんどまねしているからです。

たとえば、本来、学校の防災訓練マニュアルならば、都市部の住宅地に位置している四～五階建ての校舎なのか、あるいは田舎の広い敷地に並んで立つ平屋の校舎なのかによって、内容は当然に異なるはずです。

しかし、参考にしたマニュアルを吟味することなく、そこに書かれている内容がよいからといって、多くのものが書き写しただけのマニュアルでよしとしているため、形式こそ整ってはいるものの、どれも似たり寄ったりの内容で、使えないマニュアルと指摘せざるをないのです。

②使えなければ意味をなさないのがマニュアル

かくいう私も、警察に勤務していたときは、ずいぶん使えない（役に立たない）防災マニュアルをつくりました。実際、これらが役に立ったことは一度もありません。

ただ、黒の背表紙をつけて提出しますと、「よいマニュアルができたな」と上司からほめられます。この場合の「よいマニュアル」とは、見た目がよいだけのことであり、見栄えすることが大切でした。

ですから、当時の私もそうですが、マニュアルをつくる人にとっては、マニュアルができた時点で任務や作業は終わりなのです。棚に並べられ、お蔵入りしてしまえば使われることはまずなかったのが、これまでのマニュアルだったのです。

しかし今回の大震災で、私たちはマニュアルは単に見栄えがよいもの、体裁が整っているだけのものではなく、実際に使えるマニュアルでなければいけないということを学びました。と同時に、「責任問題の分水嶺にもなるマニュアル」という現実を、もっと真剣に考えなくてはいけないことも認識しました。

そこで、本当の意味での使えるよいマニュアルとはどういうものかを考えた場合、**「予備知識がない人でも、誰でも簡単に使えるシンプルなマニュアル、具体的な指示が簡潔に書かれ、それに沿って行動できるマニュアルこそが最高である」**といえるのではないでしょうか。

マニュアルはワンペーパーでも一行でもよい

①誰もが読みきれ行動できるマニュアルがよい

私は、基本的に「マニュアルはワンペーパーがよい」と思っています。一枚の紙にまとめられる内容に行動指針を絞り込み、どんなに忙しい人でもちらっとみて用が足りるというものです。なぜなら、内容がどんなに完璧であったとしても、読まなければ、それはよいマニュアルとはいえないからです。

内容的に完成度が多少落ちているとしても、誰もがすぐに読めて行動できるのであれば、それがよいマニュアルなのです。突き詰めていえば、「たった一行のマニュアルでもよい」と思います。

たとえば、津波からの避難であれば、「一刻も早く、一センチでも高いところへ逃げる」です。このひとことで、用は足りるのです。

②シンプルで簡単に使えるマニュアルの作成を

危機管理自体、そういうものだと思います。危機管理は学問ではありませんし、理路整然と体系的に説明できるものでもありません。「何かが発生したとき、どのように判断して、どのように行動すればよいのか」ということだけです。

その判断基準となるのがマニュアルであり、誰もが簡単に使えるマニュアルこそが最高のマニュアルなのです。そして、具体的な内容をシンプルに盛り込むことが、マニュアル作成の最大の要諦であるといっても過言ではありません。

学校現場にかぎりませんが、これまで日本では組織の大小にかかわらず、何事も口頭指示ですませてしまうことが実情でした。しかし、組織が全体として、レベルアップして正しく進化していくためには、それではダメだという時代になっています。そのことからも、**今後はより簡単で、使えるよいマニュアルが必要不可欠な時代になると、**私は確信しています。

数多く訓練して、手順をからだに覚え込ませる

もうひとつ大事なことは、役に立つよいマニュアルをつくったならば、それを「使いこなせる力量を教職員に身につけさせること」です。この点は、繰り返し数多くの訓練をするしかありません。

①全体訓練にこだわらない

幼稚園や小中学校などでは、防災訓練や避難訓練というと園児や児童、生徒全員が一堂に会しておこなうことが一般的です。

ところが、こうした大掛かりな全体訓練となると、学校行事はほかにも数多くあるので、年に数回しかできません。その大切さは十分に承知していても、訓練の機会を

増やすことは、なかなか簡単なことではありません。

そこで、学校側もここは発想を転換して、全体訓練にこだわることをやめてはどうでしょうか。なぜなら、教職員が二～三人でも集まったら――お茶を飲みながらでもよいのです――、こういうときはどうしようか、ああいうときはどうしようかなどと**シミュレーションしてみるだけでも、十分に役立つ訓練となる**からです。

たとえば、今の学校ならおそらくどこの学校にも、不審者の侵入に備えて刺又《さすまた》などの防犯器具が用意されているはずです。通常は、学校の玄関に近い事務室などに置いてあったりします。しかし、本数はさほど多くないと思います。

そうすると、不審者の侵入が刺又の設置付近、学校の玄関近くであれば刺又を使うことはできますが、校舎の端の教室など設置場所から遠く離れたところからの侵入となると、すぐには使えません。

そのようなとき、刺又をもった教職員がいったい何分で駆けつけられるだろうか？一度、タイムを計ってみようか？　など、さまざまなケースをお互いが出し合って実際に試してみること、これこそが簡単にできて、非常に役立つシミュレーション（訓練）なのです。

少ない人数でもできること、日常生活のなかで生活の一部としてやることのほうが、本当に身につく訓練になります。

そして、訓練では、何かが起きたらどのように動くかという手順を、からだで覚えることが大切です。知識ではなく、からだに覚え込ませる。そうすることによって、何かが起きたとき、からだが自動的に勝手に動くようになるのです。

②マニュアルは常に修正・改良することが大切

マニュアルは、だいたい机の上でつくられますから、本当に使えて役立つマニュアルとするには常に検証しながら、不具合な点を修正していかなければいけません。

たとえば、刺又をもって駆けつける前例でいえば、実際にからだを動かし訓練することによって、事務室よりもすべての教室から等距離の場所に置いたほうがよいという改善点が出てくるかもしれません。

このように、実態にあわせて内容を進化させることにより、効果的に使える役立つマニュアルへと改良することができます。それは同時に、教職員も訓練されるので何かが発生したとき、最悪の場合には、生死（命）を左右するような決断行動が速やかにできるようにもなります。

機運が高まっている今がチャンス

①災害時対応マニュアル作成の動き

東日本大震災後、私は千葉市幼稚園協会から、「幼稚園協会としては、各幼稚園に災害時の対応マニュアルをつくるように指導したいのだが、何をどのようにつくればよいのか見当がつかないので、マニュアルのマニュアルをつくってほしい」という依頼を受けました。

私はその依頼に応じ、マニュアルづくりの基本となる事項をまとめました。その際、私は全国の幼稚園協会を調べてみましたが、そういう動きがまったくない地域がたくさんあります。幼稚園にかぎらず、小学校や中学校でも、マニュアルを作成していないところは数多くあることでしょう。

今回のような津波災害に対する恐怖というのは、大地震が想定される海に面した沿岸県ならば強いでしょうが、内陸県では現実味がないのは当然です。温度差があることは仕方ありませんが、どの地域でも災害への備えはやはり大切です。

その意味では、学校などがもっと災害時の対応マニュアルの必要性を訴えていくことが、とても大事だと思います。

②今、このタイミングを逃さずに災害時対応マニュアルを

何事をなすにも、タイミングが非常に重要です。

東日本大震災から一年以上を経た今、災害時の対応マニュアルを作成し、それに備える大きなチャンスの時期といえます。まさに、「災害時対応マニュアル」をつくる千載一遇のチャンスなのです。

そういうタイミングにあわせて、自らが瞬発力を発揮することが大切です。お金をかけてでも、「災害時対応マニュアル」をきちんとつくっておこうという機運が確実に高まっている今、タイミングを逸することなく、ぜひともマニュアルをつくってほしいと思います。

マニュアルの究極の目的は、学校でいえば児童や生徒の命を守ること、教職員の命を守ることです。

そして、マニュアルの存在意義は、自分たちのおこなったことが正しいものであったことを証明する、唯一無二の文書であることです。

この機会に再度、マニュアルの目的と意義をよく理解して、ぜひともマニュアル作成に真剣に取り組んでください。

第二章　組織を守る学校運営と保護者への対応

教師を守れないのは学校が組織としてもろいから

大きな問題を抱えている学校現場

学校現場は、外部からのあらゆる攻撃に対して想像以上にもろく、組織としても全般的にきわめて脆弱です。防災面でもそうなのですが、日常の学校運営（経営）においても、非常にむずかしく大きな問題を抱えています。

その最大のものが、「心を病む教師の増加」だと思います。

保護者対応に疲れ、心を病んだ教師が増加

二〇一一年十二月の集計ですが、全国の公立学校――小学校と中学校、高等学校、特別支援学校――の全教師のうち、休職者は実に五四〇七人にのぼっています。教師が出勤できない、学校に行けない理由のほとんどは、「心の病」とされています。

なぜ、これほど多くの教師が、心の病を患っているのでしょうか？

教師が心を病んでしまう原因の大半は、「保護者対応のむずかしさ」にあるようです。実際、これは数年前の数字ですが、現職教師へのアンケートで「親への対応にむずかしさを感じる」と回答した人が九十％、「親からの無理難題が増えている」と回答した人が八十％もいました（二〇〇五年八月十日付「読売新聞」）。

また、二〇一〇年の集計ですが、公立学校の新任教師が採用一年以内で、一〇一人も退職しています。一〇一人という数字は、実に十年前のほぼ二十倍です。そして、この一〇一人のうち、九十一人が心の病によって退職しています。

この数字は、いずれも増加傾向を示しているものと思います。

ここ数年、大学新卒者の就職はとても狭き門、つまり困難なものとなっています。そのなかで、教師というすばらしい職業に就くことができ、安易な退職は先々どのような結果をもたらすかということは、本人が一番よくわかっているはずです。それでもなお、教師をやめたい（やめる）という決断は、よほど心の健康を損なってしまうことがあったのでしょう。

教師になることを迷う学生たち

こうした学校現場の厳しい現状は、これから教師をめざそうとしている学生たちにも、ひたひたと伝わっています。

私はふだん、学部生には講義をおこなわないのですが、たまたま教育学部生二五〇人に講義をする機会がありました。講義終了後、彼らに進路についてのアンケートを実施したところ、「絶対に教師になる」と回答した学生は、たかだか十四~五人です。それに対し、教育学部生であるにもかかわらず、「教師になるつもりはまったくない」と回答した学生も、同じく十四~五人ほどいました。あとのほとんどの学生は、「教師になるつもりで学んでいる」との回答でした。

この最後の「教師になるつもり」の学生たちですが、より詳しくアンケートの回答を読んでみますと、驚くほど多くの学生たちが「教師になること」について迷っているのです。その主な理由は、「今のような時代、何も教師になって苦労することはないだろう」と親が心配しているとか、「今の学校現場はひどい、とにかく大変だ」と大学の先輩などから聞かされているからというものです。

まだ学生ですから当然ですが、彼ら彼女らは、本当の学校現場を知っているわけではありません。それでも、身近な人たちからこのような話を聞かされると、心が揺れてしまうのです。教師になりたいと思って大学へ進学したものの、本当に教師という道に進んでよいものかどうか、悩んでいる学生が大半という現実なのです。

教師という職業にもっと自信をもってほしい

このような学生たちに、私は、つぎのような話をしました。

「学校の教師は誰もが就けるような仕事ではなく、日本でも海外でも社会的な評価が高く、国家にとっても大切な職業のひとつです。そうした教師をめざして大学へ進学したにもかかわらず、このように多くの人たちが先輩などの言葉を聞いただけで、また、自分で学校現場を実際にみて考えたわけでもないのに、進路に迷いを抱くというのは、あなたたちの考え方は少しおかしくありませんか。

先輩たちの話がまったく嘘だとはいいませんが、たかだか一人二人の人間の網膜や脳を通ってきた情報にすぎません。先輩は、ものすごく気弱で傷つきやすい人かもしれません。その先輩の思いが色濃く反映している話を聞いて、自分の人生を決めることは、どう考えてもおかしいのではないでしょうか。もっと自分の選んだ道、教師という職業に自信をもってほしいと思います」と。

私の話を聞いて、教師への道に迷いを抱いていた学生たちの半数以上――六十～七十％――が、表現こそいろいろですが、「今日、話を聞いて、教師になろうと決めました」「今日は忘れられない日になりました」などと、教師への道をめざす決意を述べてくれ、とても反響がありました。

新任二カ月で自殺した女性教師

このように、今は教師になる前の時点で夢を諦めてしまいそうになる学生が増え、また保護者対応に悩んで心を病む教師が増加している時代ですが、自殺する教師まで出てしまうようでは、学校という組織があまりに脆弱すぎるのではないかと思えてなりません。

①嬉々と仕事に取り組んでいた女性教師が突然…

二〇〇六年、東京都新宿区の小学校で二十三歳の新任女性教師が、赴任してわずか二カ月後に自殺してしまうという事件がありました。

その女性教師は子どものときから学校の先生をめざし、長年の努力が実って教師になったとのことです。親にとっては、大切な一人娘。四月に新任教師としてくだんの小学校へ赴任し、三年生のクラス担任となった娘について、仕事は朝早く出かけて帰りも遅いけれど、とにかく本人が嬉々として仕事に取り組んでいる姿をみて、とても喜んでいたそうです。

ところが、二カ月後の五月三十一日、その女性教師は首吊り自殺をして帰らぬ人となってしまったのです。

②保護者からのいわれなき中傷等を受けて

その事件の経過は、つぎのようなものです。

女性教師が自殺をする一週間前の五月二十五日、受けもっているクラス児童の親が、数人で校長室に飛び込んで来たそうです。抗議でした。その内容は、女性教師の宿題の出し方がおかしいとか、三年生なのにどうして名前を漢字で書かせないのかとか、若い女性教師だから子どもの気持ちがわからないとか、そのほか個人中傷のようなことまでいいたい放題だったようです。

女性教師はそのようなことがあって、自殺してしまったようです。

学校現場にはお互いを助け合う風土がない

女性教師の父親は、娘が亡くなったあと、彼女の日記を読んだそうです。すると、以前は嬉々として学校へ行っていたことが手に取るようにわかるのに、いつの間にか、保護者対応のむずかしさに苦悩をどんどん深めていった様子が読み取れたそうです。実際、親の目からみても元気がなくなり、化粧もしなくなって、笑顔が消えてしまったとのことです。そして、自殺に至りました。

この父親が、娘の自殺に直面して、つぎのようなことを話しています。

「確かに、保護者の娘に対する苦情や要求は、かなり強かったと思います。しかし、人間というものは、それだけでは死なないのではないでしょうか？ **学校現場には、娘のように立場の弱い新任教師が、保護者からの攻撃ターゲットにされたときに助け合う、上司がかばうといった風土がないのではないでしょうか？** それが最終的に、娘を死に追いやったのではないでしょうか？」と。

この父親は、娘の死に対して感情的になることもなく、状況を的確に分析していて、とても立派な人だと思います。そして、この父親が指摘したような風土や体質などが、学校現場には確かにあるように思います。

現場の教師たちは、ぜひとも、この父親の言葉を重く受け止めてほしいものです。

「降任」とは本来は懲罰だが

学校現場で苦悩しているのは、一般教師だけではありません。校長や副校長、教頭などの管理職においても、多くの人が苦悩しています。

それを象徴するのが、教育界で十年ほど前から利用され始めている「希望降任制度」です。

「降任」とは本来、「能率が著しく悪い教職員、非行があった教職員に対する処分」のひとつです。主に役所とか警察などの地方公務員に適用される制度で、簡単にいえば「悪いことをやったから一般教職員に落とす」という、いわば懲罰制度です。

しかし、この懲罰制度を適用して、実際に公務員が降格されたという話は、つい最近まで聞いたことがありませんでした。つまり、この規定は「有名無実」も同然だったのです。

校長・教頭から一般教師に戻る「希望降任」が増加

この「降任制度」を学校現場では今、少し意味合いの異なった制度として利用しています。

具体的には、校長や副校長、教頭という「管理職」になったけれど、管理職がこれほど大変だとは思わなかったという人や健康上の問題、家庭の事情などで一般教師に戻りたいという人が、自ら利用しています。つまり、「懲戒処分としてではなく、本人が希望して元に戻る道」として、降任という制度を使っているのです。

これが、いわゆる「希望降任制度」というものです。

①一年で二百余人の管理職が希望降任

東京都の教育委員会が、全国で初めて「希望降任制度」を導入した二〇〇二年、この制度を希望・利用した校長や教頭などの管理職は十九人でした。しかし、全国ほとんどの都道府県、市区町村の教育委員会が導入に至っている二〇一一年、この「希望降任制度」を希望した管理職は全国で二一一人と、約十年で十倍強に増加しました。

希望降任に手をあげる管理職の内訳をみますと、校長よりも学内ナンバーツーである教頭が圧倒的に多いようです。校長と教頭の役職別集計がある二〇〇六年の数字をみてみますと、希望降任全体では七十一人、このうち教頭は六十二人と圧倒的にナンバーツーに降任希望者の多いことがわかります。

その理由は、校長はそれ以前に教頭を経験しており、ある程度管理職に慣れていますが、教頭にとっては初めての管理職であり、不慣れや戸惑いから、一般教師に戻りたいと思うのではないでしょうか。

②校長や教頭すら守ることのできない学校現場

校長という役職は、いうまでもなく「社会的な地位が高い名誉あるポスト」です。学校の教師になって何十年も努力に努力を重ね、ようやく登り詰めることのできる唯一のポストです。また、その一歩手前の教頭という役職は、管理職としての実績を重ね、校長へと続く道のり途中のポストです。ここに至るまでには、やはり積年の努力があったはずです。

何十年も努力して、校長や教頭になったにもかかわらず、実際の業務は想像していた以上に大変だから、降任して一般教師に戻りたいというのです。

この一例をみても、学校現場とは一般教師だけでなく、管理職である校長や教頭すらも、その立場から逃げ出したいと思っている人が大勢いる、とても「もろい組織」だといわざるをえません。

学校の教師とは非常に大事な職業でありながら、教師となる前に悩み、教師となってからも悩み、努力して頂点に達してまでも悩んでいる人が、本当に大勢います。世の中には、悪いことをしても平気な顔をして楽しんでいる人が多いのに、懸命に努力している教師のみなさんが、こんなにも悩むことは間違っていると思います。

ある校長が、「空き家（＝希望降任）の利用といわれようと何といわれようと、この制度ができてありがたい。そうでなければ、自殺か退職しかないのです」といったことが、今でも耳に残っています。

学校運営では校長と教頭の信頼関係が大切

管理職に昇格したら常にプラス思考で

①受け身ではなくプラス思考で

私は各地の教育委員会に招かれ、新任教頭の研修で講師を務めることがあります。そのとき、よく耳にするのが「実際に管理職に就いてみると、あれもこれもやらなければいけないので大変だ」という感想です。

確かに、学校の管理実務を担当するのは教頭の役割ですから、目配りしなければいけない範囲は校内全域に及びます。したがって、あれもこれもやらなければいけないのは事実です。しかし、そういう受け身の気持ち自体が、すでに負けています。

人間は、追い立てられる立場にいると、実力を出すことができません。ここは発想を転換して、何事にもプラス思考で取り組んでほしいと思います。

②プラス思考で務めれば、やりがいいっぱいの教頭職

教頭という役職に就くと、これまでやりたくてもやれなかったことができるようになりますし、発言力や影響力も増します。これらのことを、**自分の職域が広がったためのプラス面と考え、多くの教師ができないことができる幸せを、自分の喜びとしてとらえてください**。つまり、昇進、昇格の喜びを感じることが大切なのです。

そして目の前には、自分の最終目標であるポスト、「校長職」があります。毎日、校長を補佐しながら身近に接するわけですから、自分が校長になった場合にはどうすればよいだろうか、自分ならどのように対応するだろうかということを日々勉強できる、めぐまれた役職なのです。

このように、自分の職域が広がるだけでなく、最終目標である校長職の準備もできる教頭職を、プラス思考で大いに楽しんでほしいと思います。

心がけるべきことはイエスマンにならないこと

①教頭は独立した管理職である

校内ナンバーツーである教頭にとって大事なこと、それはトップのイエスマンにな

らないことです。

校長の発言に対し、何でも「はい！　校長、はい！　校長」と無批判的に付き従う教頭が結構います。

しかし、教頭は独立した管理職です。何でもイエスではなく、校長の誤りなどにははっきりノーというべきです。

②校長と教頭で明確な役割分担を

そのために、私は、校長と教頭の役割を明確に分担すればよいと思います。

たとえば、最初の判断はまず教頭がおこない、「いくつかの考え方がありますが、私は教頭として、何番目の考え方が妥当かと考えます。校長、いかがでしょうか？」というように、校長の決断にひとつの方向性を示しつつ、校長へ具申します。そうすれば、校長は教頭の意見を参考にしつつ、「これがよいでしょう」と決断しやすくなります。

この「**判断は教頭、決断は校長**」という役割分担ができれば、管理職二人の考え方を並べ、どちらがよいかを取捨選択することができます。そして、この取捨選択こそがより厚みのある中身の濃い、組織としての骨太な決断につながると思います。

それがイエスマンの教頭であれば、二人の管理職の考え方が一本で直線的になり、幅のない厚みのない判断になってしまいます。

こういう選択肢があるというメリットがなければ、わざわざナンバーワン、ナンバーツーという二人の管理職を設ける価値はないと思います。

教頭は校長から一目置かれる存在に

①校長から信頼されるナンバーツーになるには

校長と教頭の双頭体制――最終決定権は、いうまでもなく校長ですが――をつくりあげていくためには、当然のことですが、二人の信頼関係がとても大切です。

とはいえ、前述のとおり教頭が校長のイエスマンでは、言葉は悪いですが、校長になめられてしまいます。便利で、重宝な校長の部下にはなれるかもしれませんが、重要なことを任せられる「信頼されるナンバーツー」にはなれません。

ここで大事なことは、**校長に一目置かれる教頭にならなくてはいけない**ということです。そのためには、繰り返しになりますが、絶対に校長のイエスマンではいけません。筋の通らないことには「校長、それは違います」と異議を唱え、「最終的にどちらをとるかは校長の決断ですが、私は絶対にこう思います」と、ときには正面から意見をぶつけることも必要です。

校長に、「骨っぽい教頭だなぁ」「しっかりと自分の意見をいう教頭だなぁ」と思わせることができれば、教頭としての存在価値は高まります。

②ときにはすごみをもたせるくらいの迫力を

学校現場では、物事はすべて教頭経由、つまりナンバーツー経由で校長のところへ報告・上申されます。したがって、教頭は校長に対し、「自分（教頭）をないがしろにすると、いろいろ大変ですよ」と口に出してこそいわないまでも、毅然たる態度で校長と対面し、ある種のすごみをもたせるくらいでよいと思います。

これが、「一目置かれる教頭」という意味です。日常的な業務では、校長を最後までしっかりと支え、肝心なときには校長に遠慮させるくらいの存在となれば、校内ナンバーツーとして、教頭はより存在価値を高めることになるでしょう。

人に信頼されるとは、上下関係でも友だち関係でもそうですが、相手に「こいつはある意味、自分よりまさっているぞ」と、一目置かせることなのです。

現実には心もとない教頭が多い

ところが現実は、つぎのような教頭が多いのです。

私がある学校を訪ねて校長と会談していたとき、校長が私を紹介しようと教頭を呼びました。教頭は当然、私が受付を通っているわけですから、千葉大学の星という人間が来校していることは承知のはずです。にもかかわらず、校長室のドアから首だけヌーッと出し、「なんですか～」となかを覗き込むような教頭です。

こういう教頭では、校長にありがたい存在、信頼できる存在と思われるはずがありません。そのような場合、たとえポーズだけであっても筆記道具をもち、また当然、紹介されるわけですから名刺ももち、ドアをノックして「校長、お呼びですか」と凛とした大きい声で校長室に入ってくるべきです。

そうすれば、来客からも好感がもたれ、校長も面子が立つわけです。

信頼関係は小さなことの積み重ねから

①信頼関係の構築は基本のあいさつから

教頭にとって、上司は校長だけです。だからこそ、校長に対する心遣いも大切にして、たった一人の上司との信頼関係を築くことが何よりも重要です。

その信頼関係を築く基本、それはまずはあいさつです。

これには、ちょっとしたコツがあります。ただ「おはようございます」とあいさつするのではなく、「校長、おはようございます」と、アタマに役職名をつけることです。校長になった人が「校長」と呼ばれることは、非常にうれしいことです。ですから、すべての場合において、最初に「校長」をつけるのです。

たとえば、呼ばれたら「はい、校長」「校長、何でしょうか」という具合です。

②小さなことの積み重ねこそが大切

人間関係、とりわけ信頼関係とは、あいさつなど小さなことの積み重ねで、うまくいったり気まずくなったりするものです。信頼関係を築くための一発大技など、決してありません。

以前、ある学校の校長に対して、教頭の気に入らない点を尋ねてみたことがあります。するとその校長は、ある朝、教頭に「おはよう」とあいさつしたところ、教頭は反対側を向いて「おはようございます」とあいさつした。その態度が気に食わないというのです。

教頭は、おそらく深い意味もなく、たまたま「おはようございます」とあいさつしたとき、反対側を向いていていただけなのでしょう。しかし、たったそれだけのことなのですが、校長からすれば「感じが悪く、気に入らない」ということになるわけです。いったん「気に入らない」となると、その人のやることが、何もかも気に入らなくなるのが人間です。これなどは、「小さなことでも、決してないがしろにしてはいけない」というよい例です。

人間関係形成は理屈ではなく地道な努力があってこそ

教頭としての力量は、校長に認めてもらってこそ生きるわけです。このことから、教頭は、特に人間関係には慎重になる必要があります。

たとえば、学校経営に関する発言も誰が意見を述べたかによって、その受け止め方が決まるものなのです。上司の覚えがめでたい人の発言であれば、「おー、それはいいなぁ」となるし、反対側を向いてあいさつする部下が提案したとなると、「なんだ、それは」となるのです。

社会とは、実際にそういうものです。何が起きたかよりも、誰がやったかで決まるのが、人間の常です。

繰り返しになりますが、人間関係の構築は理屈ではありません。もっと人間臭い、小さなことの積み重ねです。これを日々、地道に続けていくしかないのです。

教頭には、たった一人の上司である校長を、自らの手のひらの上で自在に操るくらいの力量や余裕をもってほしいものです。またそれは、校長をはずした教頭よりも、教頭をはずした校長は何倍もつらいということをわかってください。そういう教頭が、やがて部下とも上手につきあえる、そして保護者とも上手につきあえる力を備えた、よい校長になるのです。

「より早く、より多く、より正確な情報」を校長に集約する

学校現場では、日常的にさまざまな問題が起きています。そして、その多くの問題で、学校現場は処理をしくじっています。

私のところには、そうした処理をしくじった問題に関する相談が、数多く寄せられます。それらに共通することは、「校長までの報告が非常に遅い」という点です。

①校長まで情報が素早く届いていなかった

極端な例をひとつ紹介します。

ある学校で六時限目の始まりのころ、教科担当が子どもの首を絞めあげるという体罰をしてしまいました。その日の夕方七時ころ、子どもの親が学校に怒鳴り込んで来て、校長はそのとき初めて、何が起きていたかを知ったという事例がありました。つまり、校長が在校していながら、その報告が素早く校長まであげられなかったという事例です。

校長が、どんなに危機管理のベテランであっても、何が起きたのかをまったく知らない状態で怒鳴り込まれたのでは、まともな対応などできるはずがありません。

②校長に情報があれば対応・展開が変わる

今の情報化社会では、「より早く、より多く、より正確な情報をもった方が勝ち」となります。そして、学校では、これは教頭の仕事です。教頭職務の一番大事な部分といっても、過言ではないでしょう。

要するに、初手をどう打つかによって、その後の展開はまるっきり変わってしまうのです。

もし、学校側に落ち度があるならば、親に怒鳴り込まれる前に、謝罪へ行けばよいわけです。そうすれば、子どもの親も家族も「ウチの子にもよくない点があった。このような夜中、校長にお詫びに来てもらって申し訳なかった」と、それで収まることもあります。また逆に、何も知らない校長が謝罪へ行かず、翌日、怒鳴り込まれることもあります。

学校を生かすも殺すも教頭の腕次第

学校現場で問題が発生した場合、最終的には校長が決断して処理することですが、的を射た対応をするためには、教頭が正しい情報をいち早く校長に伝える必要があります。

教頭が情報を的確に伝えられないと、どんなにすばらしい危機管理能力のある校長でも、処理をしくじり問題を大きくしてしまいます。今の時代、校長の初手の打ち方（初期対応）を誤ると、修復不可能になることもあります。

その意味では、学校を生かすも殺すも教頭の腕にかかっているといっても過言ではありません。

学校には、管理職は二人しかいません。その二人のうち、常に大勢の教職員とかかわり、勤務しているのは教頭です。だからこそ、教頭は常に校長の立場に立って、今こういう状況ならばどういう情報がほしいかということを考えながら、問題の処理にあたる必要があります。

さらに、教職員たちが今、何を求めているかを考え、校長と教職員たちとのパイプ役としての務めも果たさなければなりません。

そういうことのできる教頭が、いずれは優れたよい校長になると思います。

モンスターペアレントは教師がつくり出した幻影

自分たちの守備範囲を知らない教師たち

つぎに、学校の守備範囲について、考えてみたいと思います。

私は学校現場の教師たちから、「問題が発生したときの対応」について相談を受けます。教師たちの相談を聞きますと、私には「先生たちはそもそも自分の守備範囲がどこまでかを知らない、教わったことがないのでは」と思えてなりません。

しかし、仕事をするうえで、自分の守備範囲を知ることはとても大事なことです。

たとえば、夏休み前などに、児童や生徒たちは学校の大掃除をします。

そのとき、一班は校門から桜の木まで、二班は桜の木から裏門までというように、担当範囲を決めます。そうしないと、自分の仕事をきっちりやりましょうといったところで、どこからどこまでやればよいのか、児童や生徒たちはわかりません。

これは、教師たちの仕事も同じです。今は、自分の守備範囲がわかっていない教師が大勢いるようです。

まずは学校と保護者の守備範囲をしっかり確認する

私は、校長の新任研修でも講師を務めることがあります。そこでも、学校の守備範囲と校長の責任について、しばしば質問を受けます。校長になった人がわからないくらいですから、それ以外の教師たちがわからないのは無理もないかもしれません。

①まずは学校の守備範囲を決めること

まずは、学校の守備範囲を定めることが重要です。

ここで問題なのは、現状において「学校の守備範囲はここまで、保護者の守備範囲はここまで」と、明確な線が引かれていないことです。もちろん、文部科学省が定義してくれるはずもありません。ですから、私に質問する教師たちが大勢いるのでしょう。

実際には、**この守備範囲を分ける線は、学校と保護者との力関係によって決まるようです**。保護者が強く出てくると、学校はいろいろな仕事を引き受けてしまい、その守備範囲がどんどん広くなってしまうのです。

②余計な仕事をしていないかをチェック

今の時代、教師は雑務に追われ、夕方どころか夜の十時、十一時まで働いている人が少なくありません。運動会や文化祭など、大きな学校行事の前に遅くまで残業するということなら納得できますが、勤務時間が定められているのに一年中、それも十時、十一時まで働くなどということは、実におかしな話です。

ときおり、私が教え子を食事に誘っても、「毎晩十時、十一時まで仕事なので無理です」と断られることがあります。

私はそのような教え子たちに、「それは働きすぎだ。余計なことをやりすぎていないか。もう一度、自分の仕事をチェックしてみなさい」「余分なことをやっているときにかぎって、肝心なことをミスするものだよ」と、アドバイスしています。

安易にサービス業務を引き受けない

学校は、「学校としてやるべきことはここまで」という明確な守備範囲を、保護者に示さなくてはいけません。

ところが、学校はそれを明示しないため、保護者は何でも頼んできます。

①朝、起きられない女子生徒を迎えに行く教師

ひとつの事例を紹介しましょう。

ある中学校を訪問したとき、校長が、つぎのような話をしてくれました。

二年生担任の教師が、ある女生徒の母親から、子どもが朝起きられないことを相談されたそうです。それで、母親に頼まれて一週間に一回、その担任が自分の車で迎えに行き、学校に連れて来ています、というのです。

校長は美談のひとつとして、私に自慢げに話しました。親はもちろん、教師の行為を喜ぶでしょう。なぜならタクシー代をかけることもなく、先生が迎えに来てくれるのですから。

なるほど、この担任評価がよいのはわかります。しかし、校長が管理者として考えなければいけないことは、その迎え時に交通事故が起きたら、いったい誰が責任を負うのかということです。短い距離だから問題はないと思うかもしれませんが、私が警察に勤めていた当時、わずか二メートルくらいの距離で自分の子どもをひいてしまったという事故に遭遇したことがあります。確かに、距離が長ければ危険度は増すでしょ

うが、短い距離だからといって、事故は起きないという保証はないのです。

さらに、その女生徒が担任に迎えに行ってもらっていることは、クラスの生徒全員が知っているそうです。それならば、うちの子もうちの子もと、親から迎えをお願いしますと頼まれた場合、その担任教師は、いったい何人まで面倒をみて何人からは断るのでしょうか。

担任は、クラスの生徒全員をすべて公平に扱わなければいけない、特定の生徒だけを迎えに行くのはおかしいと指摘されたら、反論の余地はないでしょう。

②生徒の制服購入は教師の仕事なのか

こういう事例もありました。

昼間働いている親が、「夜、中学生になる子どものために制服を買いに行ったところ、お店が閉まっていた。どこのお店も閉まっていて、制服が買えないから、担任が買ってくるべきだ」ということで、親に依頼された担任教師が、その生徒の制服を買いに行ったという事例です。

この事例ですが、生徒の制服を買うことが、本当に担任教師の仕事でしょうか。

これも、どこまでが学校の仕事なのかが明確に決められていない実情を示す、典型的な事例のひとつです。

これでは時間のある教師は引き受ける、そうでない教師は引き受けないということになり、保護者にしてみれば、前の担任はやってくれたのに今度の担任はやってくれないということになってしまいます。

③今の学校現場で必要なことは守備範囲を決めること

ここで紹介した二つの事例のように、学校が「場当たり的な対応」をしていると、結局、現場の教師が自分の業務容量を超えた仕事を抱えることになり、苦しくなってしまいます。どんなに大変でも、対応しなければならなくなってきます。

ここはやはり、学校として、また教師の仕事として、どこまでやるかというひとつの物差しのようなもの、「守備範囲」をしっかり決めることが、今の学校現場には必要なのではないでしょうか。そうでなければ、学校は保護者にどんどん攻め込まれ、苦しくなる一方です。

普通の親をモンスターに育てた一因は学校

今の学校現場で一番問題なのは、保護者からの要求に対して教育的配慮だとか、穏便にとか、彼らを怒らせたくないという思いが、まずちらつくことです。

そういう気持ちで、学校が保護者からの要求を何でも受け入れてしまうと、彼らの要求などはますますエスカレートして、特定の親だけでなく、普通の親までもが「要求すれば学校は何とかしてくれる」「要求しないと子どもが損をする」という、雰囲気になってしまいます。

私は、いわゆる「モンスターペアレント」は、世の中に実在しないと思っています。それは、教師が自分たちの心の中につくり出した幻影なのです。その幻影に、自分たちがおびえているだけなのです。まるで子どもを甘やかしすぎて、手に負えなくなってしまい、困っている親に似ています。ハラハラしながら、腫れものに触るみたいに対応しているため、普通の親までもが手に負えなくなってくるのです。

学校現場は、これを何十年も繰り返し、今の保護者ができあがったのです。

日本人全体の変化にもさらされる学校現場

①アメリカ型の訴訟社会に近づきつつある日本

保護者の姿がこのように変わってきたのは、もちろん学校の責任だけではありません。複合的な要素が加わり、保護者が変わったというより、日本人全体が変わったのです。いわゆる、アメリカ型の訴訟社会に近づきつつあり、一億総評論家のように、日本人全体が変わってきているのです。

実は、学校だけが大変な思いをしているわけではありません。学校と病院は、たまたま最後まで残された聖域でしたが、私が在職していたころの警察は、国民のそうした変化に、最初にさらされました。

②学校の守備範囲を明確に示す時代が来ている

こうした変化も見極めながら、学校は今、その守備範囲を明確に保護者へ示す時期が来ています。本来、学校がおこなうべき仕事なのか、あるいはサービス業務なのか、それらをしっかり仕分けて、提示する必要があります。

確かに教師として、保護者が困っていること、子育てで悩んでいることに、高い立場に立ちつつ懐深く「お母さん！　それは大変ですね」と相談に乗ることは、いつの時代でも大事なことです。

しかし、そういう教育的配慮で相談に乗ることと、保護者に半ば強要されて雑務を引き受けることとは、まったく次元が違います。

また、前述した女子生徒を迎えに行っている教師の事例ですが、もし交通事故でも起こしたら、事情は一変するはずです。それまでは、「今度の担任は親切で、子どもを家まで迎えに来てくれる」と、親は喜んで担任評価も高いでしょう。しかし、出迎え中に事故が起きて女子生徒が死亡した、あるいは大けがをして障害が残ってしまったとしたら、いったいどうなるでしょう。

「先生は忙しいのに、サービス業務で出迎えに来てくれたなかでのケガですから、いいですよ」などという親は、まずいないのではないでしょうか。手のひらを返したように、それも手のひらとはまるで返すためにあるかのように、見事なまでに手のひらを返して、教師や学校を攻撃することは目にみえています。

何事も、常に最悪の場合を想定して引き受けないと、学校は荷物をどんどん背負い込むことになります。そればかりか、学校の守備範囲を明確にしないと、保護者対応に苦労して心を病む教師たちが、これからもどんどん増えていくだろうと思います。

保護者との信頼関係は築けて当たり前

通常の人間関係よりも信頼関係が生まれやすい

私は、学校関係者を対象にした講演を数多くおこなっていますが、テーマとして要望が高いのは、「保護者との信頼関係の築き方」です。信頼される学校づくりとか、保護者との信頼関係構築法といったテーマは、特に多く求められます。

ということは、今、学校と保護者との間には信頼関係がないということを証明しています。そのことは学校もよくわかっているのですが、では、どうすれば信頼関係を築けるかということは、まったくわかっていないようです。

しかし考えてみれば、**学校と保護者とが信頼関係を築くことは、対等の友だち同士で信頼関係を築くよりも、もっと近距離で簡単なことです**。なぜなら、保護者にとってみれば、自分の大切な宝物である子どもが生きていくのに必要な、そして大事なことを教えてくれるのが教師だからです。

ここでは、常に教師が優位に立てる、人間関係が生まれるはずです。保護者が教師に対して、「子どもがお世話になります」という人間関係が築けて、当たり前の関係なのです（現実には、まったく違いますが）。

一方の当事者である教師が、自分の口から「私たちに感謝しなさい」とはいえませんが、心のなかでそのくらいの自信とプライドをもつことが大切です。

なぜ保護者と学校間で信頼関係が築けないのか

①信頼関係を求めすぎる教師たち

にもかかわらず、学校と保護者との間で、世間一般よりも信頼関係が築けていないのは、どうしてなのでしょうか。

教師が優位に立つどころか、保護者よりも低い立場にいるかのような現状は、いったいどういうわけなのでしょうか。

まずいえることは、教師たちが保護者との信頼関係を求めすぎているということです。私には、教師たちがあまりにも保護者との信頼関係にこだわり、ギラギラしすぎているようにみえます。それほどまでに信頼関係を求めなくても、もともと信頼関係を築きやすい関係なのですから、自信をもって堂々とやるべきことをしっかりやっていれば、自ずと信頼関係があとからついてくるにもかかわらずです。

それを、教師がビクビクしているから、信頼関係が逃げていってしまうのです。

②やるべきことをきっちりやればよい

何事においてもそうです。

たとえば、教師が保護者会などで、じっくり自分の考えを話そうと期待して待っていると、保護者はあまり参加してくれず、これを指摘されたらどうしようなどと心配事や不安を抱えていると、大勢の保護者が参加します。まるで野球の外野手が、俺は守備が下手だからボールが飛んでこないようにと思っていると、なぜかボールが飛んできたり、守備で上手なところをみせてやろうと待っているとボールがまったくこないのと、似たようなものです。

ですから、**やるべきことを普通にやっていれば、保護者との信頼関係は自然にできると、教師はドンと構えていればよい**のです。

「力関係に空白なし」――学校が下手に出る必要はない

人間関係を築くとき、ぜひとも押さえておきたいポイントがあります。それは、力関係には空白がないということです。

①学校側は保護者対応では決して引くな

私は講演で、いつも「力関係に空白なし」と話しているのですが、**こちらが引くと必ず相手は出てきます。こちらが出ると必ず相手は引きます。**

ですから、学校や教師は保護者対応では下がっても、決して引いてはいけません。思想のない譲歩、これが一番いけないことです。

学校と保護者とは、常にせめぎあいをしていることを忘れてはいけません。そういうなかで引くということ、ましてや「信念のない安易な譲歩」ほど、悪いものはありません。相手を呼び込む結果となります。

学校や教師はビクビクすることなく、とにかく自信をもつことが大切です。

②必要以上の敬語も必要ない

保護者対応においてもうひとつ気をつけたいことは、必要以上の敬語の使用です。

「保護者様」とか、最近は、至るところで過剰な敬語が目につきます。「ペット様」までとなると笑いたくなり、「あなたはいったい何様」といいたくなります。公立学校で保護者に「様」をつける必要はありません。

ですから、保護者あての文書も「保護者様」ではなく、「保護者各位」と書くべきです。必要以上の低姿勢は、相手を増長させるだけと心得てください。

教師はもっとしたたかに、もっとたくましく

それにしても、教師には、一般の社会人よりも傷つきやすい人が多いのではないでしょうか。

①繊細でもろすぎる現在の教師

自分の人生を楽しく充実したものにするため、教師という意義ある職に就いたはずなのに、対応に自信がもてないからなどという理由で、全国で五四〇七人もの教師が出勤できない状態になったり、一〇一人もの教師がたった一年で退職してしまったりするのは、やはり異常です。

ガラス細工のように繊細でもろい人間、相手が傷つけようと思わなくても自分で勝

手に傷ついてしまうような人間は、どこで働いてもうまくいきません。昔のように、教師が尊敬されていた時代は、それでもよかったかもしれません。しかし、今はスキがあれば、後ろから足払いをかけるような人間もいっぱいいる世の中だということを認識すべきです。

②もっとしたたかに、もっとたくましく

教師の世界だけの話ではありませんが、今の時代はもっとしたたかに、もっとたくましく生きる必要があります。

自分に自信をもって、したたかにたくましく生きることは、決して悪いことではありません。「ストレスがたまって大変だ」ではなく、「人にストレスをためさせることはあっても、自分にストレスはためさせない」くらいのしたたかさがなくては、今は生き残れません。

マナー違反の保護者には毅然とした対応を

①学校は保護者におびえるな

学校は子どもの教育をする場です。その意味では、学校は本来、保護者よりも優位な立場にあるはずです。

ところが今は、一部の保護者にかき回されている学校が少なくありません。この異常な事態を正常化して、少なくとも対等の信頼関係を築くことは、それほどむずかしいことではありません。そのために大切なことは、「保護者におびえるな」ということです。私は、保護者対応の問題は、すべてここから出発していると思います。

保護者におびえているから、相手のマナー違反を指摘できないのです。対等の関係ではないから、自分たちが指摘されることはあっても、相手を指摘することができません。マナー違反に対して学校が何も指摘しないから、保護者は「このくらいのことは許されるのか」とさらに上に出てくるのです。

②学校の姿勢が保護者を増長させる

まずい対応の事例を、ひとつ紹介します。

ある小学校で母親が子どものことで、学校に乗り込んで行きました。その母親は、学校に乗り込むのは初めてだったため、最初は誰が会ってくれるのかと内心ドキドキしながら行きました。学校に行くと、母親はどうぞとすぐに校長室へ通され、ふかふかのソファに座ることを勧められました。目の前では校長がニコニコ、まるでデパートのセールスマンのような笑顔を浮かべています。

時間が経つとコーヒーまで出され、あまりに歓待してくれるので、いい気持ちになりました。それで、こんなことを頼んでも大丈夫だろうかと、不安になりながらも頼んでみたところ、いとも簡単に応じてくれました。それで、いろいろ頼んでいくうちに、校長が渋い顔をするようになったため、ドーンと机を叩いてみたら驚いてやってくれました。一回叩いて頼みを聞いてくれるのなら、二回やったらさらに驚いて頼みを聞いてくれるだろうということで、要求はエスカレートしていきました。

最初は「校長先生」と呼んでいたのが「校長」となり、最後は「校長じゃわからない、担任の○○を呼べ」と、命令するようになったという事例です。

これなどは明らかに依頼ではなく、保護者が校長に命令しているのです。そして、校長はその命令に従っているのです。いわゆる、「ごく普通の保護者」を、学校が〝モンスター〟に育てていったひとつの例といえるでしょう。

③管理者は一喝するタイミングを逃すな

この話を聞いて、私は自分の耳を疑いました。校長に命令できるのは教育委員会だけだと思っていましたが、最近は保護者も校長に命令する時代になったようです。

学校が、保護者のお願いや相談を聞くのならわかります。しかし、命令を受ける筋合いは、絶対にありません。どうして、母親が命令した時点で、はっきりと校長は断らなかったのでしょうか。しかも校長や担任の教師を呼び捨てにするような、とても無礼な態度をとっているのに…です。

このようなときこそ、学校が主導権を握るチャンスなのです。校長として、厳しく叱責するタイミングなのです。「あなたは、今、何といいました。ここは学校の校長室ですよ。世間一般の常識というものがあるはずです。そういう無礼な人は、校長室で話をする資格はありません。帰ってください！」と一喝すべきなのです。

その校長の姿を、教師たちはみています。保護者に命じられて、担任を呼ぶ校長。自分のかわいい部下を呼び捨てにされても、見過ごす校長。組織と部下を守るのが上司の務めのはずなのに、そのようなありさまでは愛想を尽かされてしまいます。

学校現場は、まさに今、そういう状況なのです。

第三章　謝罪と責任の取り方

謝罪の必要性

今、学校現場で頻発する保護者からの謝罪要求

今、学校現場が非常に困っていること、それは「謝罪しろ」という保護者からの要求が、とても多いことです。それも、学校側に明確な落ち度があるのならわかりますが、まったく落ち度がない場合でも、「自分たちの非を認めて謝罪しろ」「謝罪文を書け」と、要求されることが増えていることです。

一例（授業中に起きた傷害事件）を紹介します。

中学校の工作の時間に、ある生徒が隣の生徒にいたずらをして、ナイフで手を傷つけてしまいました。学校側は、すぐにケガをした生徒を病院に連れて行きましたが、四針縫う全治二週間のケガを負いました。

これは授業中に起きたことですので、学校管理下の事故です。校長はただちにケガ

をした生徒の家へ、ケガをさせた子どもを連れて謝罪に行きました。
すると、両親ばかりか祖父母までもが、校長の謝罪では納得せず、あげくに「学校を訴える」と大騒ぎになりました。
それで教育長と校長が、私のところへ相談に来たという事例です。

学校管理下の事故ではまず事実確認を

この事例の問題点は、「校長が謝罪することの必要性」です。いい換えれば、学校内で発生した「学校管理下の事故は、すべて学校が責任を負うべきか」ということです。というのも、紹介した事例では、授業をしていた教師に落ち度があったとは、どうしても思えないからです。

学校で事故や事件が起きると、保護者はしばしば「先生はそのとき、いったいどこをみていたのか」と、決まり文句のようにいいます。確かに、親は自分の子どもだけをみていればよいわけですから、そのように考えることは理解できます。

しかし、そもそも学校と家庭とは違います。学校では、一人の教師が何十人もの児童や生徒をみています。教室の一方で教師が指導している間に、離れたところでいたずらをしている生徒がいたとしても、目が届かないことはありうるのです。

この工作の教師は、教室内でおこなうべき仕事をしっかりおこなっていました。何かの用事で、教室を離れていたわけでもありません。教師に落ち度は、まったくないのです。

事実確認なしの対応が事を荒立てるもと

にもかかわらず、校長は早々に謝罪に行きました。

私は、この事例では教師に落ち度はまったくないのですから、校長は謝罪すべきではない、謝罪に行くべきではなかったと思います。

最初の処理や対応を間違えると、その後も学校はおこなってはいけないことを積み重ね、事が大きくなってしまうことが少なくありません。

私が相談を受けたこの事例は、子ども同志のことであって、学校側に落ち度がないことを被害者側に説明・納得してもらい、加害者の子どもと親、被害者の親との三者で話し合うということで、どうにか収拾しました。

校長は軽々に謝罪すべきではない

学校の責任者である校長は、決して慌てて謝罪してはいけません。

とにかく早く謝り、相手側の怒りを収めてもらおうという思いで、頭を下げるような事例が多いのですが、こういう謝罪が問題のこじれのもとなのです。中身のない謝罪は、安易にしてはいけないのです。とにかく謝罪に逃げてはいけません。

校長がいったん謝罪をすれば、担当の教師に落ち度があったと学校側が非を認めたことになってしまいます。学校側の責任者が謝罪したという事実は、きわめて重いのです。あとで賠償や補償交渉になったとき、学校側に落ち度はないといくら主張しても、それならばどうして校長が謝罪したのかと問題視されます（校長の謝罪が後々学校の手足をしばることになります）。

繰り返しになりますが、**校長は軽々に謝罪すべきではありません。事実関係をしっかり確認し、学校側に非があり謝罪する必要性があると判断したときに、謝罪すればよいのです。**

学校側に非がなければ訴訟騒ぎも恐れる必要はない

このような事例では話し合いがこじれ、訴訟騒ぎになることがあります。

世間には、腹が立つとすぐに「訴えてやる」という、決まり文句をいう人がいるものです。確かに訴えを起こすことは、憲法に保障された国民の権利ですから、誰でも訴えることはできます。しかし、裁判を起こすには弁護士を選任・依頼して、訴状をつくってもらわなければなりません。弁護士費用のほか訴訟手付金なども必要で、実際に訴訟を起こすためには、数百万円かかるといわれています。

また、訴訟を起こすためには、法律の専門用語で「訴訟の客体」というものが必要です。わかりやすくいえば、「訴える理由」が必要なのですが、学校側に非がないのであれば訴えられる理由もないわけですから、訴訟を起こされる心配はありません。

相手側の「訴えてやる」という言葉に驚いて、学校側が動揺する必要はまったくないのです。相手側は、揺さぶりをかけているだけなのです。揺さぶれば、学校側が揺さぶった以上に揺れることを知っているからです。先の例でいえば、校長は「納得しないのです」といっていましたが、納得させる必要もないし、してもらう必要もないのです。

謝罪すべきことと拒否することの境目を明確に

①世間一般とは異なる教育界の謝罪

学校現場は、「謝罪すべきこと」と「謝罪を拒否すべきこと」の境目を、よく理解していないように思われます。

この点について、都道府県などの教育委員会は、どのように学校を指導しているのでしょうか。私は、いくつかの教育委員会から「保護者対応マニュアル」を取り寄せ、その内容を検討してみました。すると驚いたことに、ある県の教育委員会の指導マニュアルには、「最初に謝罪して、それから話をよく聞くこと」と書かれていました。これは、世間一般の常識とはまったく異なるのではないでしょうか。

謝罪とは本来、「自分の犯した罪を詫びること」です。ですから、「罪を犯していない人は謝罪をする必要はない」というのが、世間一般の常識です。

ところが、この県の教育委員会の考えは違うようです。「最初に謝罪して、それから話を聞け」と学校側に指導しています。さらに、「苦情の電話を受けて話を聞いたときには、相手に不快感を与えたことをまず謝罪する」とも書いてあります。

この県にかぎらず、全国的に徹底されつつあることは、「腹を立てさせたことに対して謝罪しなさい」という指導です。確かに、近年は「事実関係は別として、腹を立てさせたことについてはお詫びします」という、謝罪をしばしば聞くようになりました。理由を問わず、「腹を立てて文句をいいに来たこと」に対して謝罪するというものです。

また、「メモを取りながら、相手の要望をしっかり拝聴し、最後は指摘を受けたことへの感謝の気持ちを伝える」と指導しています。そして、このような手法を取っても、「謝罪したことが、非を認めたことになると思わないほうがよい」と書かれています。

この感覚は、やはり世間一般の常識と、ずいぶんかけ離れているのではないでしょうか。世間一般の常識は、非を認めたから謝罪なのです。つまり、「口先だけでよいから、まず謝罪しろ」というのです。「ごめんなさい」「申し訳ありません」と謝るように、学校側は教育委員会から指導されているわけですから、当然謝罪をします。

しかし、そのあとで「事実確認をしたら何も学校側に落ち度はなかった」では、「あの謝罪はいったい何だったのか」というおかしなことになってしまいます。

②今の学校側の姿勢が出勤できない教師をつくっている

世間一般の感覚では、謝罪をすれば非を認めたことになるのですから、そのつぎにくる保護者の要求も飲まざるをえなくなります。こうして学校側は、保護者側の理不尽な要求に押され続けることになるのです。

このような現状では、保護者が「学校には文句をいうほうがいい」と思うのも無理はありません。このままでは、いつまでたっても学校優位な正しいルールなど育つはずもないのです。そして、親など保護者対応に疲れ、心が病んで出勤できない教師が増え続けていきます。

「見舞い」と「謝罪」の使い分け

私は、この中学校からの相談を受けて以降、全国各地の講演先で「こういう事案が発生したら、校長は謝罪に行きますか」と質問しています。

①見舞いには行くが謝罪はしない

すると、みるからに気骨のあるベテラン校長は、「私は行きません」と、きっぱり答えました。「重傷事故だとか死亡事故ということであれば、見舞いには行きますが、落ち度がない場合は、謝罪には行きません」というのです。

まさに、一本筋の通ったきわめて明快な話です。

学校の最高責任者である校長として、子どもの家が火災で焼失したようなときなどは、校長や担任が見舞いに行くのは当然である。しかし、学校側に非がなければ謝罪はしない。「お気の毒でした」と声はかけるが、「申し訳ありませんでした」とは一切口にしない。つまり、「見舞い」と「謝罪」の使い分けをするというのです。

また、前述のようなケガならば、クラス担任が保護者に対して事実経過を連絡して、「ケガをさせた生徒を謝罪にやります」と伝えればよいという考え方です。

②事実関係を伝えるのが学校の守備範囲

いずれにしても、学校側としては、事故の事実関係を伝えるだけでよい、事実関係の正しい経過報告をすればよいという考え方です。私も、それでよいと思います。

ただ、これは中学生の場合であって、小学生ではこういうわけにはいきません。特に小学校の低学年であれば、何が危ないことなのかをまだ児童が十分に判断できないため、教師の監督責任がより重くなることは当然です。

謝罪の意味をよく知ることが大切

それにしても、この経験を積んだ校長の対応は、先ほどの「保護者対応マニュアル」とは正反対の内容です。

紹介したマニュアルには、「すぐに駆けつけ、不快感を与えたことに対して謝罪する」。そして、「不快感を与えたことに限定して謝罪する」と書いてありましたが、いずれが妥当な対応かはいうまでもないと思います。

何を不快に感じるかは、一人ひとり物差しが違います。にもかかわらず、相手に合わせてただ謝罪するというのも、まったくおかしな話です。

謝罪とは、犯した罪や過ちに対しておこなうべきもので、相手の強硬な姿勢や脅しに屈しておこなうべきものでは決してありません。また、「謝罪すれば帰るといっているから……」などと無節操に謝罪したり、謝罪に逃げてはいけません。

学校内で発生した事故でもすべて謝罪が必要なわけではない

ここまでの話を整理しますと、学校側が謝罪すべきなのは、学校管理下の事故であること、これに加えて学校側に落ち度があった場合のみです。

たとえば、校舎の壁がはがれ落ち、子どもがそれでケガをしたという事例で考えてみましょう。

学校内の施設が壊れていることを知っていながら修理を怠ったという、施設管理上の落ち度が学校側にあったとします。法律用語では、これを「瑕疵《かし》ある行為」といいますが、この場合は、まず学校側に瑕疵があったかどうかが問われます。

そのうえで、管理には落ち度がなく、児童や生徒への指導にも落ち度がないということであれば、たとえそれが学校内で起きた事故であっても、責任者が謝罪する必要はありません。つまり、学校のなかで発生した事故であれば、何でも校長に責任があり、謝罪しなければならないというわけではないのです。

安易な謝罪は間違った考えである

校長の謝罪は、非常に重いものです。一度謝ったら、決して取り消すことはできません。したがって、謝罪は早い方がよいだろうというだけで、軽々に謝罪することは考えものです。

日本人は特に、こちらが下手に出れば相手方も穏やかになるだろうと期待し、早々に謝罪してしまう傾向があります。しかし実際は、こちらが怒らなければいけないのに下手に出てしまうと、相手はかえって高飛車に出てきたりするものです。落ち度がないのに謝罪するというのは、間違った考え方です。相手側に非があるのであれば、それをとことん指摘しなければいけません。学校側が必要以上に下手に出るということは、相手側を呼び込む結果になるのです。相手を誤った方向にリードすることになります。

残念ながら、学校現場ではこうした間違いが、日常的に繰り返されています。

学校の責任の負い方

学校の守備範囲で事故が起きた場合、学校側は四つの責任を負うことになります。

民事上の責任　増加傾向にある高額の損害賠償

一つ目は、民事上の責任です。この民事上の責任が、新聞などで一番多く報じられています。非常に高額な損害賠償判決が出て、話題になった例を紹介しましょう。

①私立土佐高校と保護者で争われた損害賠償事件

一九九六年、高知県土佐市にある私立土佐高校の生徒が大阪府高槻市で開催されたサッカー大会で試合に出ていたところ、からだに落雷を受け、両眼の失明や手足のまひなど重度障害を負ったという事例です。

当日は、台風の影響で断続的に雨が降っており、大阪管区気象台は雷注意報を出していました。保護者側は学校側の管理責任を問うとともに、六億四〇〇〇万円という高額の賠償請求を求めて訴訟を起こしました。それは、損害賠償を求めたこれまでの裁判のなかでも突出した金額で、世間の注目を集めました。判決は、一審・二審ともに「天災による事故」ということで学校側勝訴、保護者側敗訴でした。

ところが、最高裁は「落雷は予見できた」として、審理を高松高裁に差し戻しました。そして、二〇〇八年の差戻し控訴審で、高松高裁は二審の判決をひるがえして保護者側勝訴、学校側完全敗訴としたのでした。ただし、損害賠償の金額は請求額のちょうど半分くらい、およそ三億七〇〇〇万円という結果でした。

半額以下とはいえ、非常に高額な判決が出ました。

②増える親など保護者と学校間の訴訟

この裁判に代表されるように、保護者と学校間の訴訟件数が非常に増えています。実際には、学校側が保護者を訴えることはほとんどありませんから、保護者が学校側を訴える裁判が増加しているのです。

これは私の個人的な考えですが、学校管理下の事故件数そのものは、決して増加しているわけではないはずです。むしろ昔のほうが、今よりも児童や生徒の数が多かったのですから、それだけ事故も多かったと思われます。

ただ、以前は保護者の請求額が低い金額だったため、両者の話し合いで和解ができました。通常、裁判所で示される和解案は、保護者の請求額と学校側が支払える額との間をとって、お互いに歩み寄った額を提示するようです。つまり、双方が和解案で合意できたので、本裁判にもち込まれる訴訟が少なかったのです。

ところが最近は、保護者からの賠償請求額が、ものすごい勢いで高額化しています。それに対して、学校側が支払える額は、以前とそれほど変わっていません。そのため、裁判所の和解案が提示されても賠償額に差がありすぎて、両者の話し合いでの合意はほぼ不可能状態になっています。

このため、本裁判にもち込まれる事例が非常に多くなったのです。

③最近の裁判の流れは

これまでの学校管理下の事故をめぐる裁判の流れは、どちらかといえば、いわゆる「上の者が責任を取る」というのが一般的でした。校長、教育長、それから学校設置者である首長が責任を負い、首長が議会で補正予算を組んでもらい、損害賠償の支払いをしていました。

ところが今は、そうした上の者だけが責任を問われるわけではありません。事故などに直接かかわった現場の教師にまで、責任が問われる状況になっています。時代とともに損害賠償請求額が高額化しただけでなく、責任範囲が現場にまで広がってきていることは、非常に大きな変化です。

このような時代の変化を、学校現場は十分に理解できていません。

刑事上の責任　校長と教師の責任追及

二つ目は刑事上の責任、いわゆる刑法上の責任です。

①杉並区立杉並第十小学校での転落死亡事故

二〇〇八年六月十八日、東京都杉並区の杉並第十小学校で、六年生の男子児童が校舎の明り取りの天窓を踏み抜いて転落し、死亡した事故がありました。二〇一〇年三月三十一日、略式起訴されたこの転落死亡事故では、業務上過失致死罪で校長と担当教師が刑事上の責任を問われました。

②校長や教師は事故でいかなる責任が問われたか

校長が問われた責任は、主に二つの点です。

事故が起きた明り取りの天窓は、一時期流行した建築様式で、学校や保健所、市役所などの公的な建築物にたくさん用いられたものです。ところが、この天窓は天井部分が非常にもろいため、杉並区の担当課は区内の関係者らを集めて、「十分注意するように」という研修をしていました。

この注意事項を同校の校長は、教職員に対して周知徹底していなかったということが、刑事上の責任を問われた一つ目のポイントです。

二つ目のポイントは、校長が教職員に対し、「明り取りの天窓は危険だから、児童らを登らせないように」という屋上での授業を禁止するなどの指導を怠ったという点です。

一方、実際に授業をおこなった教師が問われた責任は、児童らに「ここは危険だから登ったりしないように」という責任回避のために注意を与えるべきところ、その義務を怠ったということで、責任を問われたのです。

行政上の責任 いわゆる管理責任 任命権者から処罰されるもの

三つ目は、行政上の責任、つまり管理責任です。この行政上の責任は、行政組織の雇用関係のなかで発生するもので、被害者や世間一般から問われる責任ではありません。

任命権者から処罰される、懲戒処分などがこれにあたります。

①和解成立の二年後に新たな要求をする親

ある中学校で、つぎのような事例があり、私のところに相談がありました。

体育の時間に一人の生徒が棒切れを振り回していたところ、隣にいた生徒の眉間に当たりました。これにより、被害者の生徒は視力が低下したとして、学校との間で損害賠償の話し合いをおこないました。かなり難航しましたが、学校側が五〇〇万円支払うということで、両者に和解が成立しました。

学校側は、それで終わったと思い、安心していたところ、その二年後、生徒の両親は「校長の管理責任についての話し合いは終わっていない。誠意をみせろ」と要求し、父親と母親が入れ替わり立ち替わり学校を訪れるようになりました。

学校側が、「あの事件は五〇〇万円を支払って、すべて終わったはずである」と応えると、両親は「あれは治療費と慰謝料である。校長の管理責任は別の問題だ」と主張したのです。

②学校の体質的弱さが混乱を招く原因である

この相談案件について、事実関係と問題点を整理検討してみますと、

①　離婚した両親が別々に学校へ来て、お金の要求をしている
②　校長の管理責任を追及している
③　五〇〇万円支払ったときに、学校側は終了確認書をとっていない

以上の三点がわかりました。

この件への対応として、私はつぎのようにアドバイスをしました。

①離婚した両親のうち、どちらが親権を有しているのかを確認し、親権を有している親だけに会い、それ以外は一切会わないこと
②校長の管理責任とは、任命権者である教育委員会に対して負う行政上の責任であり、第三者にとやかくいわれる筋合いのものではない。親と法律論争をする必要もなければ、親に対して詳細な説明をする必要もないこと

③前回、終了確認書を取っておかなかったことが、今回の要求を引き起こす原因となった。今回は、しっかりとどめを刺す意味でも確認書を取ること

①については、調べてみたところ、親権者は父親でした。それで、以後は母親との面会を拒否するようにアドバイスしました。当初、母親は何回か来校して文句をいったそうですが、しばらくすると来なくなったということです。

②については、校長が私のアドバイスに従い、「学校は五〇〇万円の支払いをもって、すべて終了したと認識している。したがって、この問題についての話し合いは終了」と明確に、そして毅然と告げたところ、やはり数回の電話での文句があったあと、父親からの要求は終わったとのことです。

③についてですが、この点が今、学校がもっているもっとも深刻で大きな問題、すなわち「学校の体質的な弱さ」を象徴する事柄です。

今回は、相手も矛を納めて無事収束しましたが、終了確認をしっかりおこなわず、その確認書を取らなかった学校側の不手際が、問題発生のすべてです。

世間一般では、誰もがおこなっている問題の初手、対応、終了確認というすべてについて、学校はツメが甘いといわざるをえません。とりわけ、最終段階において「これをもって今回の事故については、すべて終わりとします。今後、この件に関し、金品の要求は一切おこないません」という確認書を、なぜ確実に取らないのでしょうか（この場合、両親は離婚でもめており、とにかくお金がほしい状況でした。五〇〇万円をもっている学校は絶対有利であり、一筆書けといえば必ず書いたはずです）。

一筆取ることについては渋る人も多いのですが、学校はたびたび起こされうる要求を厳然と回避するためにも、絶対に終了確認書への署名、取り交わしをおこなわなければいけませんし、相手は応じるはずです。

五〇〇万円という大金を支払っておきながら、二年後にむし返されるような不手際をやってはいけません。

道義的責任　もっとも人間的な責任の取り方

四つ目は、道義的責任です。この道義的責任は、これまでの民事や刑事、行政上のような法的責任ではなく、もっとも人間的な責任の取り方です。

たとえば、林間学校など宿泊をともなう校外学習で、児童や生徒が夜に外出して道に迷い行方不明になったため、地元の消防団などに出動してもらって探した結果、翌朝になって子どもらが発見できたというような事例です。

そのようなとき、校長は児童や生徒の捜索を手伝ってくれた消防団のみなさんや、迷惑をかけた人たちに対して「申し訳ありませんでした」と謝罪することが、ここでいう道義的な責任です。つまり、人にとやかくいわれて謝罪をするというものではなく、当事者の自主的な判断でおこなうのが道義的な責任です。

このほか、たとえば中央省庁の役人が犯罪に手を染めたものの、懲戒処分ではなくて依願退職で退職金をもらったとします。社会的な大問題になったので、この退職金はもらえないということで、退職金の自主返納をすることがあります。これなども、道義的責任といえるでしょう。

学校は、保護者の要求に対して道義的責任とか、教育的配慮という名のもとに、必要以上に守備範囲を広げることは避けることです。

訴訟対策とマニュアル作成のポイント

訴訟に勝つためには準備が必要

①マニュアルづくりが何よりも重要

学校関係者に訴訟対策のことを話しますと、「どうして学校は裁判に負けてばかりいるのですか？」という質問をしばしば受けます。その理由は、はっきりしています。学校側は、裁判に勝つための準備をしていないから負けるのです。

では、裁判に勝つための準備とは、いったい何でしょうか？ ここでも重要なのは、マニュアルをつくっておくことです。マニュアルを作成しておけば、自分たちは何によって何をどのようにおこなったか、その正当性を証明することができます。

そして、裁判に勝てるようなマニュアルとするためには、そのマニュアルを正式な公文書にしておくことが重要です。

②学校で実施作成する文書はすべて公的文書化することの重要性

具体例をあげてみましょう。

私の手元に、Ａ４の「生活アンケート」（一四〇頁参照）という文書があります。これは、ある中学校で年数回、生徒たちに実施しているものです。この目的は、いじめなどの問題を早期に発見し、効果的に対策を講ずるためにおこなっているものです。

小中学校でいじめが発生して、児童や生徒の自殺などが起きますと、学校側はそれまでどういう指導をしていたのか、問題を把握していたのなら、どのような対応をしていたのかを、教育委員会に報告しなければなりません。そればかりか、国民の知る権利の代弁者を自任するマスコミにも、同じような質問を受けます。

そのとき、「わが校ではこのような『生活アンケート』を配り、生徒たちに何が起きているかということを聞いています」「いじめなどが発生したとき、より早く把握して、小さいうちに処理をしています」ということを示すため、このような文書があるとよいのです。

しかし、この種のアンケートは多くの学校で実施されていますが、これだけでは公的な文書とはいえません。なぜなら、このアンケートが誰の命令でいつから始まり、

生活アンケート用紙

実施年月日　平成　　年　　月　　日

生活アンケート

年	組	男 ・ 女	(○でかこむ)

1　あなたは、このごろ学校での生活の中で何か困ったことは有りませんか。

①　(　ある　ない　)　どちらかに○をつけてください。

②　あるに○をつけた人は、どんなことで困っているのか書いてください。

2　あなたは、学校から帰ったあとの生活の中で何か困ったことは有りませんか。

①　(　ある　ない　)　どちらかに○をつけてください。

②　あるに○をつけた人は、どんなことで困っているのか書いてください。

3　そのほか先生に知ってもらいたいこと、知らせたいことがあったら書いてください。

(ほかの子が困っていることでも良いです)

誰が担当者で、いつまでどのように保管するかということが定められ、明文化されていないことが多いからです。担当者が転任してきたときにはすでに実施されていて、誰がいつ、どのような経緯で始めたかということは、何もわからないというような場合がほとんどだからです。

そうなると、そのアンケートはただの「私的文書」になってしまいます。学校でこういうアンケートを実施していたという参考資料にはなりますし、多少の説得力はありますが、裁判のときの証拠としては非常に弱いものになってしまいます。

公文書（職務命令）にして文書に命を吹き込む

①文書を正式化することの意味

いじめなどの問題が発生したとき、「アンケートの実施について」（一四三頁参照）の公文書があると、事情はずいぶん違ってきます。

校長は訴訟対策として、教職員あてに①何月何日から誰の命令で、②アンケートの実施が始まり、問題を抱える児童・生徒がみつかった場合には、③誰がどのように対応するか、④アンケートはどのように、いつまで保管しておくかなどの「実施要領」

を明文化しておくことが必要です。そして、その文書に「生活アンケート用紙」を添付しておくのです。

このようにして、**文書に命を吹き込むと、校長から教職員に向けた正式な公文書となります。公文書によって指示された仕事は、公務として保証されます。**

これが、**正式な文書（職務命令）という形にして残す**ということの意味です。

②裁判に勝つための公文書化

裁判では、誰が何をやっていたかということが問われます。そして、何をやっていたかを証明するためには、それを裏づける文書が必要です。すべて文書で裏づけられたものでなくてはいけないのです。

極論すれば、裁判とは、どれだけよいことをしていたかではなく、どれだけ文書にして残していたかが、勝敗を左右することになります。

ところが、現実の学校現場では口頭指示でやりとりをすることが、圧倒的に多いのです。また、文書をつくっていたとしても、先掲アンケートのように私的な文書のままで、公文書化して「文書に命を吹き込む」ことはおこなっていないことがほとんどでしょう。

公文書（職務命令）化された「アンケート実施要領」

平成　年　月　日

教　職　員　　各位

学　校　長

児童に対する「生活アンケート」の実施について

いじめ事案など、各種の児童の悩み事を早期に把握し、迅速かつ効果的に対応するため、下記により「生活アンケート」を実施することとした。

記

1　様式
　別紙による。
2　実施
　教頭の指示により担任が行う。
3　問題を抱える児童への対応
　担任は、悩みなどを抱える児童を把握した場合は、学年主任を通じ校長に報告し、指示を受けること。
4　関係書類の保管
　関係書類は、当該児童が成人するまで教頭が保管すること。
5　注意事項
　関係書類の秘密保持には充分留意し、関係者に迷惑がかからないように充分な配慮をすること。

以上

公文書の書式にのっとっていない私的な文書は、裁判ではメモと同格にしか扱ってもらえないことを、はっきりと認識すべきです。

③降りかかる火の粉を確実に払いのけるのがプロの管理者

私が講演でこのような話をすると、保護者との裁判沙汰に備え、公文書を残すことに賛同できないという参加者も少なからずいます。

しかし、大半の学校でおこなっている口頭指示だけでは、聞いている教職員もいれば、聞いていない教職員もいます。口頭指示を聞いていても、それがきちんとできないことがあるのに、まともに聞いていなければ、なおのこと仕事ができるはずはありません。

そのうえ、学校側に非がないのに訴えられるのであれば、降りかかる火の粉を確実に払いのける必要があります。とりわけ公立学校の場合は、裁判に負ければ公金の支出、つまり税金を使って損害を賠償することになるのですから、立場としては負けるわけにはいきません。

自分の責任範囲のなかで発生したことについては、すべて説明できるようでなければ、プロとして許されません。何かが起きたときには全責任を負えるように、何月何日このように実施して、誰に引き継いだと説明できるように物事を進め、記録に残しておく必要があります。

④公文書化は結果として教職員や学校を守る術

ある幼稚園の例ですが、この幼稚園では、これまで慣例としておこなっていたこと、口頭指示などでおこなっていたことを、すべて文書化しました。

たとえば、幼稚園や学校では、不審者の侵入に備えて教職員が名札とともに、警笛を身に着けていることが多いと思います。しかし、この名札や警笛の装着について、園長や校長名の公文書が出されているところはほとんどありません。

幼稚園や学校だけでなく、教育委員会などの監督指導組織でも、そうした文書について誰の命令で、いつ誰がつくって、誰が管理するもので、誰に報告して、誰がどこに何年保管するかを明記して、公文書化していることはほとんどありません。

ところが、この幼稚園では、「名札、警笛の着装について」という園長名の職務命令を文書で出し、名札と警笛の装着を明確に仕事の一部としたのです。

文書だけがあって、一人歩きしていても、文書を扱う決まりがないものが実に多いことは、憂慮すべき状況といえます。

特別な対応は文書化して、みえる形で管理

文書の公文書化に関連して、もうひとつ実例を紹介します。

①好意で引き受けたことが、ときとして責任問題に発展することもある

幼稚園ではときとして、子どもに薬を飲ませるなどの特別な対応を、保護者から頼まれることがあります。

ある幼稚園で、皮膚にアザができてしまった子どもがいました。皮膚科で診察してもらったところ、医者から「毎日、昼間に日焼け止めクリームを塗れば、秋までには治ります」といわれた母親が、担任教諭に「昼時、子どもにこの薬を塗ってください」と頼みました。担任教諭はにこやかに「いいですよ」と好意でそれを引き受けたのですが、幼稚園の昼食時は、とりわけ多忙をきわめます。そのため、担任教諭は薬を塗ることを引き受けたものの、何回かは塗れなかったことがあったそうです。

子どものアザは、秋になっても消えませんでした。親はそれをみて、子どもに聞いたところ、「先生が何回か塗ってくれなかった」といいました。それで、母親は「先生は薬を塗ると引き受けておきながら、確実に塗ってくれなかったため、子どものア

ザが治らなかった。どうしてくれるのですか」と、園長に苦情をいってきたのです。

苦情を聞いた園長が、子どもの主治医に聞いてみると、アザは「秋になったら治るというものではなく、成長とともに消える」というものでした。親としては、現実にアザが消えていないわけですから、これが一生残ったらどうしようと不安になっての苦情だったのでしょう。親としては、無理からぬことです。

この事例、結局は園長と担任教諭が「申し訳なかった」ということで丁寧に事情を説明し納得してもらって、大事にはなりませんでした。

②トラブル回避のためのマニュアルを作る

私はこの話を聞き、このさき同様なことが起きたときのためにと、ひとつの書式をつくりました。「特別対応要望書」（本書一五二頁参照）という文書です。

それは、親が幼稚園や学校に対して「特別なことをしてほしいとき」に要望する文書です。園児や児童・生徒の氏名、保護者の氏名、何をやってほしいのかということを書き、園長や校長あてに正式な文書で提出してもらうというものです。

そして、文書には、つぎのような但書も入れました。

「教諭・教師にも都合があるため、完全にできるということではありません。可能なかぎり実施します」「担当教諭・教師あるいは園、学校は、結果について責任を負いません」と書き添え、これを了解するならば引き受けましょうというものです。

③目にみえなかったものが管理可能に

この文書をつくり、使い始めてよかったことが二点あります。

一点目は、「そのように面倒な手続きが必要ならば結構です」と、大半の保護者がもち帰ってしまったことです。つまり、それまではさほど必要のないことを、幼稚園で引き受けていたわけです。

この文書化によって、特別な対応を必要とする子どもは本当に少なくなりました。

二点目は、それまで頼みごとは、保護者と担任との間で私的に取り交わされていたため、園長は誰が何をどれだけ頼まれているのかを把握できていませんでした。

それが、この文書で園長という責任者の決済が必要となった結果、どの担任が保護者からどういうことを頼まれ、今、どういう処理になっているかということを、すべて把握できるようになったことです。つまり、これまで目にみえなかったものを目にみえる形にし、管理できるようにしたため、管理が行き届くという非常によい結果になったことです。

保護者に対しては、「今度から園長の許可が必要になりましたので、この書類を提出していただければ対応します」と、丁寧に説明できるようになりました。

その結果、「では結構です」と、もち帰る保護者がほとんどで、苦情が出ることもなく、幼稚園はとても助かったのです。

学校現場での責任範囲の境界をはっきりさせる

①二つの側面から仕事の責任範囲を明確化する

「特別対応要望書」のようなマニュアル（書式）をつくりますと、幼稚園や学校の責任範囲の境界を、はっきりとさせることができます。

（i）平面的にどこからどこまでの領域を守備範囲とするかという「エリア的にみる場合」

（ii）立体的にどこまで深みのある仕事をすればよいかという「業務別の深度をみる場合」

仕事には、この二つの側面があります。そして、平面的な広がりと立体的な深みの両方から仕事をとらえて、その責任範囲をはっきりさせる必要があります。

そうしないと、学校現場では自分たちのおこなうべき仕事が余分なことにまで広がり、あまりの忙しさに何が本来の仕事で、何が余分な仕事なのかをチェックすることもできない状況になってしまいます。

保護者にしても、決して悪気があって幼稚園や学校に諸々の要求をしているわけではありません。担任教諭・教師にどこまで頼んでよいのか、正直わからないだけなのです。幼稚園や学校が何でも引き受けてくれるから、保護者は何でも頼んでしまうのです。

②マニュアルがあれば信頼関係も構築できる

「特別対応要望書」の事例でみたように、きちんと責任範囲や仕事の境界を示せば、保護者は気分を害することなく、余分なことを要望することなく家庭にもち帰ります。

結果として、学校現場は本当に必要な対応だけを引き受けることになり、今まで以上に責任をもって集中して対応できることになります。なぜなら、数が少なければ園長や校長も丁寧に管理することができるようになり、担任の教諭や教師がどういうことをやっているかを組織的にチェックして、万全の管理体制を確立できるからです。

このように、文書を作成することによって好循環が生まれていくのですが、実際の学校現場は文書の扱いに慣れていないため、個々の教師がバラバラに対応しているのが現状です。そして、その対応のバラつきを保護者に指摘されて、「前の先生はやってくれました」といわれるとやむなく引き受けてしまい、その結果、教師が多忙になって不手際をし、苦情を受けるという悪循環に陥っているのです。

③今こそ明確な基準をつくり示すことが重要

文書をつくるということは、学校と保護者との共通の物差しをつくることです。前の教師がどうであろうと、文書があれば基準を示すことができるうえ、対応を失敗して保護者から責められることもなくなります。組織的に一貫性のあるブレない対応ができることになります。

学校と保護者とが信頼関係を築けないのは、その基準が曖昧になっているからです。今の学校現場は基準もなければ、ルールもない混乱状況に陥っています。ルールがないところでは、力の強い者の理屈がルールとして定着していきますが、今の学校も保護者に押しまくられて、大きな声で主張した者が勝っている状態です。

このままではいけません。明確なルールをつくって基準を示し、今こそ学校現場をしっかり立て直していかなければいけないと思います。

特別対応要望書（実例ひな形）

平成　　年　　月　　日

○○○小学校

校長＿＿＿＿＿＿＿＿殿

特別対応要望書

児童名	（　　　　）組　氏名＿＿＿＿＿＿＿＿

〈要望事項〉内容について具体的にお書き下さい。

＿＿＿＿＿＿＿＿＿＿＿＿＿＿＿＿＿＿＿＿

＿＿＿＿＿＿＿＿＿＿＿＿＿＿＿＿＿＿＿＿

＿＿＿＿＿＿＿＿＿＿＿＿＿＿＿＿＿＿＿＿

希望期間（　　　　　　　　　　）まで

＊期間は最長、学年末までとします。
＊更新する場合は、期間中に申し出て下さい。

〈確認事項〉

1. 学校は大勢の子どもを限られた数の職員で対応しています。常に突発事案の可能性があるため、可能な範囲での対応となり、要望通りに対応できないこともあります。
2. 後日の結果により、学校や職員の責任を追及することは一切しません。

「上記の確認事項等、全て了承しましたので、よろしくお願い致します。」

住　所＿＿＿＿＿＿＿＿＿＿＿＿

保護者氏名＿＿＿＿＿＿＿＿＿＿㊞

日　付	校　長	決定期間
年　月　日	印	・　希望通り ・（　　　）まで

法的思考と法令順守（リーガルマインドとコンプライアンス）

校内で発生したことでも法に従って処断する――

①学内への警察導入の根強い抵抗感

これまでの学校現場には、学校に法律（警察）が介入することについて、根強い抵抗感があったような気がします。暴力事件が校内で起きても、まず警察沙汰にすることはなく、学校内部だけで収拾するという例が一般的な対応でした。

世間一般も、ほぼ同様な考え方です。

ある学校で、生徒が教師を殴った事件がありました。私は、生徒が教師を殴るという行為は、絶対に許すことができない、また許してはいけないことだと考えます。もしこれを許してしまったら、学校の秩序は崩壊し、教師は何もできなくなってしまいます。ですから、これだけは絶対に許すことはできません。

しかし、学校はこの事件を警察沙汰にしたため、一部の保護者から非難される事態になりました。「この程度のことも収められないのか」と、校長が非難の矢面に立たされたのです。保護者だけではなく、地方議会で文教委員を務めるような議員までもが、校内に警察を入れたことについて学校を責めたのです。

②学校現場にもリーガルマインドとコンプライアンスが必要である

結局、そういう地域社会の考え方が、教師を殴るような生徒をつくるのです。これまでもそうであったように、「この程度のことでは、学校は警察沙汰にしない。許されるはずだ」という考えが、生徒にも以心伝心でわかるのです。

それで、生徒は教師をなめるようになります。

しかし、いつまでも教師への暴力を許しておくわけにはいきません。なぜなら、日本は法治国家なのです。法に従って処断するという考え方でなければ、学校は生徒たちに甘くみられてしまいます。

これからは、学校現場にも**「法的思考（リーガルマインド）」**と**「法令順守（コンプライアンス）」という考え方**をもち込み、学校の手に負えない状況に至ったときには、何ら躊躇することなく**警察の導入も辞さない覚悟が必要**です。

子どもの両親が授業を妨害した事例を考える

①安易な謝罪が教室ジャックに

こういう事例がありました。

ある小学校で、女性の教師が、宿題を忘れてきた児童を叱りました。その児童は帰宅後、教師に叱られたことを両親に話し、「みんなの前で叱られて傷ついたから、もう学校には行きたくない」といったようです。

それで、親から担任教師に、「ウチの子どもはもう学校に行かないといっている。おそらく登校拒否になるだろう。その責任は学校にある。謝罪しろ」といってきました。その担任は間違ったことをしていませんから、当然、それを拒否しました。

しかし、校長から「間違ったことはしていなくても、相手はこれだけ腹を立てているのだから」といわれ、担任教師はしぶしぶ「立腹させたことは悪かった」と謝罪しました。この両親は、さらに「校長も謝罪しろ」と要求し、校長も謝罪しました。

この件は、担任教師と校長の謝罪で決着したと思われました。

ところが、その後三週間くらいしてから突然、その子どもと両親が学校にやって来て、授業中に断りもなく教室に入り込み、担任教師に「クラスの子どもの前で謝罪しろ」と迫りました。担任は若い女性教師、びっくりして何もできません。これはいってみれば、「教室ジャック」です。そのまま三十分間ほど、授業を受けていた児童たちはおびえて教室の隅に逃げ、ずっと小さくなっている状態だったそうです。

隣の教室の教師が異変に気づき、様子をみに来て「これはとんでもないことが起きている」ということで、校長と教頭を呼び寄せ、何とか収拾したという事例です。

②学校は保護者に甘くみられている

その後、私のところに、この件の相談がありました。

この事例にかぎりませんが、学校は物事が終了した、決着したという判断をきちんと示せないことが多いようです。ですから、決着かどうかの決定権を、保護者側がもつことになってしまうのです。

どうして学校は、「この件はこれで終わりにします」と、とどめを刺さないのでしょうか。前述のように、終わったと思ったにもかかわらず、またやって来たというように繰り返され、ときには二～三年も前のことを何回も騒がれることすらあります。

これらの騒動は学校が強く出ないため、保護者に甘くみられているのです。

③犯罪行為には適切な対応こそが必要

事例のような「教室ジャック行為」は、明らかに犯罪です。決して許されることではありません。

まず、断りもなく学校に入ったということは、住居侵入罪になります。そして、教師の授業を妨害したことは、威力業務妨害罪です。さらに、教師が「教室から出なさい」といったにもかかわらず出なかったことは、不退去罪に該当します。これら少なくとも三つの罪で、ざっと合計しただけでもけっこう長い懲役になります。

こういう話をしましたら、この学校の校長はとても驚きました。校長にとって、これまでの三十年以上の教師生活のなかで警察にはまったく縁がなかったようで、保護者のそういう行為が罪になるとは、まったく考えたこともなかったそうです。

しかし、このままでは再び同じようなことが起きかねないと理解して、校長はしばしば警察へ相談に行きました。

確かに、校長が学校内で起きたことを警察に相談しても、ただちに犯罪とみなされ、その保護者が逮捕されるわけではありません。それよりも、**これまでの「学校内で生じた出来事は学校内で処理する」という姿勢を校長が変えて、警察に相談したという**

事実がきわめて大事なのです。犯罪に対する学校の対処方針が変わったこと、すなわち校長が法律による処断を求めて警察沙汰にしたこと、敢然とした対応に一歩踏み出したことに大きな意味があるのです。

それによって処罰されたどうかは、さほど重要ではありません。

④法的な教育もときとして必要である

そのとき、私が警察の担当者であれば、校長につぎのように答えたと思います。

「学校に侵入したとはいっても、それは子どもとその保護者ですから、住居侵入罪には問えないでしょう。法律に違反しているのは確かですが、罰するほどのこととはいえません。

威力業務妨害罪については、親が子どもといっしょに教室へ入り、授業を妨害したことは悪い行為ですが、これも処罰するほどではありません。

また、不退去罪は『帰ってください』と明確な意思が形として残っていないと、罪には問えません。

学校の先生たちは、そういう法的な教育を受けていませんから、成立させることはむずかしいでしょう。

不退去罪について付け加えると、たとえば、校長室に招いてもいない客が来て、夜中までねばったとしましょう。こういう人には、決してお茶などを出してはいけません。

お茶を出すという行為は、正式な客として認めたことになってしまいます。あとで、『あのときお茶やコーヒーを出してくれ、お互い友好的なムードで話したではありませんか』といわれたら、それまでです。犯罪は成立しません。ですから、校長室に客が来ても、安易に茶菓子などを出すべきではありません。

こういうとき、出したほうがよいのは録音機材です。

校長室には、常にＩＣレコーダーを準備しておき、何かあったらすぐに出してください。記録を残さない話し合いは、水掛け論になることが少なくありません。学校側が二〜三人で対応していればどうにかなりますが、一対一では証拠が残せません。問題のありそうな客が来たときには録音機材を用意して、机の上に出しておくとよいでしょう。」

実際に録音しなくても、そこに機材を置いておくだけで抑止効果はあります。

法的な考え方をもち込むことによる抑止効果

①校長の強い意思表示こそが第一歩になる

両親が授業妨害をした先の事例では、校長が学校内の出来事で警察へ相談に行ったことは非常に重大なことなので、私は、その事実を保護者へきちんと示すようにアドバイスしました。

最初、校長は私のアドバイスに対し、そのことがかえって相手を刺激して「また苦情がくるのではないか」と心配していましたが、保護者対応の基本方針を示すよい機会だと思い直し、保護者会で報告しました。

問題を起こした保護者の名前こそ出さなかったものの、「こういう事実が起きたので警察へ相談に行き、こういうアドバイスを受けた」と伝えました。そして、「今回は初めてのことですから、これで終わりましたが、次回から警察は、法にもとづいてきちんと処理するといってくれました」とも付け加えました。

さらに、「保護者が教室に乗り込むようなことが起きると、一番被害を受けるのは子どもたちです」と訴え、「子どもたちが被害者になることを、保護者のみなさんは許せますか」とたたみかけました。

学校が被害者であるといっても、保護者はさほど関心をもってくれません。しかし、自分の子どもが被害者になると聞きますと、やはり親など保護者としては無関心ではいられません。このとき、校長は「一番の被害者はまじめに授業を受けようとする子どもたちです。校長として、私は子どもの権利を守るため、今後は法にのっとって厳正に処理します」という論法で、賛同を得たそうです。

この学校も、ほかの学校と同様、保護者からずいぶん苦情が来ていたそうです。ところが、校長が「今後は法にのっとって厳正に処理します」と意思表示したあとは、それまでたくさん来ていた苦情がほとんどなくなったそうです。

②自信をもってビジョンを語ることが大切

このように、校長が自分の明確なビジョンを語ることは、とても大切です。

「自分はこういう学校を築きたいので、保護者のみなさんにはこうあってほしい」「子どもたちを守るためなら、私は法に訴えることも辞さない」ということを、堂々と話すことが、何よりも大切なのです。

この校長は、それまで保護者の反応を気にしすぎて、自分のビジョンを語ってきませんでした。少々遅きに失しましたが、このように学校の経営方針をはっきり示しておくと、校長が代わっても学校の考え方は受け継がれていくと思います。

学校現場は、もっと自分たちのおこなっていることに自信をもって、保護者に対応するべきです。ニコニコすることはよいとしても、ペコペコする必要はまったくありません。

必要以上の追従笑いは、保護者に甘くみられることにつながります。学校が及び腰でいるため、分水嶺にいる普通の保護者までをも、苦情をもち込む者（モンスターペアレント）に変えてしまうのです。

それが、学校現場の現状だと思います。

保護者対応のルール確立は、さほどむずかしいことではありません。保護者を恐れることなく、学校は自信をもって、ダメなものはダメとはっきりいうことです。そうすれば、ことは簡単に解決すると思います。

③新しい時代にむけて自信をもって第一歩を踏み出す

物事の解決法には、大別して、穏便に解決する方法と強硬に解決する方法の二通りがありますが、学校現場の場合は常に前者です。

確かに、学校現場の「あるべき理想の姿」を考えたならば、穏便に解決する方法が正しいといえるでしょう。しかし、その解決法を選択するにあたって、学校自らが主体的にそれを選択しているかどうかが問題です。

保護者からの苦情があると、「私は相手の話をじっくり聞くことにしています」という教師がいます。きわめて立派な教師です。しかし、それが学校の判断で聞いてあげているのか、夜も遅いし早く帰ってほしいなと心で思いながら聞かされているのか、すなわち〝聞いてあげている〟のか、〝聞かされている〟のかでは、まったく意味合いが異なります。

現実の学校現場では、保護者に追い詰められ、仕方なく穏便に解決する方法を取らされているような気がします。

また、学校現場では、長きにわたって穏便に解決する方法だけを選択してきたために、これ以外の解決法を知らないし、強硬に解決する方法に切り替え、新しい時代に自信をもって踏み出そうという勇気もないような気がします。

これをもって、私は、学校現場の教師たちを責めるつもりは毛頭ありませんし、能力の問題というつもりもありません。人間というのは、やったことがないことをやれといわれても、やれないのが当たり前なのです。

ただ、これからは二通りある問題の解決法を正しく理解し、対面する相手をよく観察してほしいのです。そして、そのなかから自分はどちらの解決法を取るべきかを判断し、使い分ける力とゆとりをもってほしいものです。

メッセージ集
学校リーダーシップの心得

ここでは、困ったときの問題解決のポイントと、私から先生方へのエール、励ましの言葉をまとめました。

折に触れ、読んでいただければきっとヒントが見つかるはずです。

◎リーダー論

1　部下の職員を幸せにすることが、リーダーの仕事である。

2　ライオンに率いられた羊の群れは、羊に率いられたライオンの群れを駆逐する。リーダーが強ければ、その組織全体が強いということ。

3　校長や教頭になったら、「あれもやらなければいけない、これもやらなければいけない、参ったなぁ」ではなく、「あれもできる、これもできる嬉しいなぁ」と考えるプラス思考が必要である。

4　校長が自信なげにオドオドしているから、現場の教師は「元気が出ないのである。校長は、どうして自信がないのか。それは、校長が自分の責任範囲と、その責任の内容を明確に理解していないから不安なのだ。何について断固拒否し、何について謝罪すべきかわかっていないのである。

5　校長として、「責任はすべて私がとる。思う存分やってくれ」といったほうがよい。いってもいわなくても、何か発生すれば、その責任は校長にあるのだ。どうせならかっこよく。

6　信賞必罰　人を厳しく処分するということは、その者が犯罪を犯したとき、職場の掟に背いたときにおこなうもの。

いずれにせよ、その者の人生の命脈を絶つわけだから、やる方も怖い。しかし、それをやるのがリーダーである。

7　なあなあの世界でぬるま湯に浸かって生きていると、厳しい決断ができないリーダーになる。そして、やり方を知らないから避ける、いつまで経っても覚えない、結果として一生ビクビクすることになる。

8　ブレず、恐れず、一生懸命。校長になったら、ブレない信念をもつことが大切である。そうすれば、怖いものなどない。

9　一歩前に出て、ブレずに自信をもって繰り出したパンチは、一発で相手を倒す。「苦情が来たら、一歩どころか四歩五歩下がって相手のいうとおり頭を下げろ」という校長がいるが、それは根本的に誤りである。

10　校長は、気概をもつこと。
〝学校の主は私だ！〟これが犯されたときは、誰であろうと絶対に許さない。現在の管理職には、この気概がない。だからナメられるのだ。

11　リーダーは、相手が強いかどうかではなく、正しいか否かで判断する。

12　リーダーは、保護者とのやりとりや流れから、勝負所や決戦場はどのあたりかという読みが必要であり、またそれができる者である。

13　交渉などはその場の雰囲気を支配した者が勝つ。

14　話しの主導権の握り方
①相手が「イエス」と答える質問だけをする。②相手を取り込む。③子どもを中心にした話題を展開する。

15　相手を押さえ込む鉄則
嘘とわかっていても「ウソだろう」などといわず、騙されたふりをして、とことんしゃべらせる。そして、引き返せないところまでしゃべらせ、ぐいっと最後に押さえる。

16　理不尽な要求に対しては

①「イエス」か「ノー」だけでなく、「無視」もある。②自分の有利な土俵に引き込み、子どもの将来という話にすりかえる。

17　校長は、あとから続く者を育てよ。

最初から最後まで、すべて自分と同じでないと納得しないというのではなく、目的地が同じであれば、途中経過は若干違っても教頭にやらせてみる。自分が、判断から決断まですべておこなっては、決して部下は育たない。

18　リーダーは、〝したたかに〟逞しくあれ！

ドライフラワーのかすみ草ではダメだ。

◎**人間力**

1　よいアドバイスがあっても、それをよい結果に結びつけることができるかどうかは、その人の人間力だ。

2　人との出会いがあっても、そこで終わる人と大きく育んでいける人がいる。それが、人間力の差である。

◎**危機管理**

1　「危機管理」とは、危機を避けることではない。立ち向かい、管理することである。

2　「安全策をとった」とかっこよくいうが、「安易な策」に逃げていないか。

3　「教育的配慮」などといっているが、何のことはない、むずかしい判断から逃げているだけなのだ。

4　問題の解決など、さしてむずかしいものではない。むずかしくなってから、むずかしくしてしまってから、解決にあたるからむずかしい。大変だというけれど、自分で大変にしている例が実に多い。

5　自分たちのやったことで、子どもの命は救えるか。親（世間）は納得するか。

◎保護者対応

1　校長の知らないところで、担任と保護者との直接取引はさせないこと。目にみえる管理（特別対応要望書）をすること。

2　苦情・無理難題は、誰も審査しない。保護者は無制限に思いつくまま、好き勝手なことをいってくる。
これに対し、「ここまでなら聞きましょう」という基準をつくるのが学校である。

3　技とは、自分有利な組み手でかけないと効き目がない。

学校は、相手優位な状況で戦っていないか。

4　保護者が「学校にくる」というとき、どれだけ彼らのことを知っているかを考えること。

5　相手はどこまで知っているかを、つかむことが大切である。そして、相手の知らない余計なことは、絶対にいわないこと。

6　怒って来たのか、怒らせたのか。解決したのか、させたのか。とんでもない保護者が来たのか、とんでもない保護者にしたのか。話を聞いているのか、聞かされているのか。その見極めが大切である。

7　いったん不満が爆発すると、押さえることはむずかしい。したがって、爆発する前に先手を打って、処理すること。

8　話す前に、相手に「負けた」といわせる威圧感をもて。

9　先押し（根回し）―中押し（本番）―だめ押し（トドメ）が重要である。ゴリ押しはダメである。

10　「攻め時」「引き時」「詫び時」「怒り時」、そしてトドメが必要。生殺しは、絶対に避けなければいけない。

11　謝罪に逃げるな。謝罪からは何も生まれない。理不尽な要求に対しては、正しく突っぱねることにより、保護者に対して学校とつきあうルールを教えることになる。それが、学校の財産にもなるのである。

12　相手の理不尽な要求に対しては、跳ね返すだけで終わるのではなく、さらに一歩進んで、追撃（名誉毀損、誣告罪など）で根まで叩くこと。

13　人とのコミュニケーションの取り方、正しい会話の仕方などは、家庭で学ぶものである。教えるべき保護者が、それらを知らないのではないか。だから、子どもに友人ができず、ゲームに走る。
機械とばかり遊んでいると、子どもは欠陥人間になる。

14 「子どもが生き甲斐」という親は、子どもにとってはプレッシャーなのである。
自分以外の生き物を、生き甲斐としてはいけない。

◎モンスターペアレント

1 無意識のうちに学校が、何でもない保護者をバケモノにしてしまった。

2 誤った謝罪と信念のない譲歩が、今日の保護者をつくったのである。

3 教師からみるとモンスターでも、よくみると平均的なごく平凡な保護者である。

◎学校経営

1　学校は、何かが発生してから本気になる。発生する前に、本気になればもっと楽なのにである。

　保護者対応にしても、訴訟対策にしても、相手が目の前に来てからでは遅い。日頃がすべてである。日頃、何をやっていたかにかかっている。遅くなればなるほど選択肢が少なくなり、金もかかる。

2　訴訟に勝った負けたの次元ではなく、訴えられた時点で負けなのである。日頃、何をやっていたのか。

3　学校の判断で「やっている」のではなく、保護者に「やらされている」のだ。これでは疲れる。

4　人は仕事で磨かれる。苦しい仕事をしてこそ、人は伸びるのである。だから、逃げてはいけない。

◎アドバイス

1　笑顔は、相手を安心させるためにある。

2　子どもに笑顔で接していれば、やがてその笑顔が自分に向かってくる。怒って責めてばかりいると、その怒った顔が自分に向かってくる。

3　よい芽を伸ばせば、悪い芽は黙っていても自然に立ち枯れる。

4　距離を置いて優しく見守る！　これが本当の愛である。

5　子どもだけではなく、その後ろにいる保護者も満足させる教師になれ。

6　楽しいから笑うのではなく、笑うと楽しくなる。

7　悲しいことやいやなことは、黙っていても向こうからやってくるが、楽しいことは、自分でつくらないといけない。
　だから、楽しいときは思い切り楽しむべきである。

8　自信をもつためには、①基本を学び、②むずかしさから逃げることなく、③数多く経験することである。

9　「どう思われているか」は、あまり気にしなくてよい。実際に起きている問題だけを気にしろ。心配事の九〇パーセントは、まず起きない。

10　何でもないことを自分たちでつつき回し、複雑にしていないか。

11　目の前の問題のみに目線が集中している。一息ついて、周りの景色もみれば、選択肢が多くなるものである。

12　宝の山なのか、ゴミのヤマなのか、それを選別する正しい目を養うことが大切。

13　動機が不純でない誠実なウソは、ときには許される。

14　法を破ってはいけない。しかし、ねじ曲げるまで行かなければ曲げるのはよい。

15　修復能力のあるような人は、初期対応をしくじらない。初期対応を誤るような人は修復能力がない。

16　よいか悪いかと実現可能か否かは別次元である。世の中には、誰もが必要だと思っても実現できないことがある。いじめ防止がそうだ。

17　理屈をいう人にかぎってやらない。口を出す人にかぎって金を出さない。散らかす人にかぎって掃除しない。平気で人を傷つける人にかぎってちょっとのことで傷つく。

18　人にものを頼まれると、「私の担当ではない」と断る人がいる。確かに、これもひとつの回答である。
しかし、もう一歩進めて、「私の担当ではないけど、友人に知っている人がいるかもしれないので聞いてみる」と答えれば、関係は大きく広がっていく。

19　相手を遠ざけないで、自分から近づく。

20　向き不向きより、前向きの姿勢が重要である。

21　無知なるが故の失敗はケガが少ないが、ベテランのしくじりは深傷を負うことが多い。

22　人を怒らせる話はバカでもできる。人を笑わせる話はむずかしくない。しかし、人の心の琴線に触れて、感激させ、泣かせる話はなかなかできない。

23　人を納得させる話はよい。人を感心させ、メモを取らせる話はさらによい。プロはこれに加えて、「ぜひまた聞きたい」と思わせ、それを実現させなければいけない。

24　教育は、教師だけがおこなうものではない。教師は教育三法にもとづく、ごく一部分を担っている。

25　記憶は消えるが、記録は永久に自分を守ってくれる。

26　いいたいことは、いいたい人に直接いうこと。

27 「お礼は早く、文句は遅く」を心がける。

28 お世話になった教育界に足跡を残そう。

あとがき

前著『実践 学校危機管理 現場対応マニュアル』を刊行してから六年あまりですが、その後も時代は急速な変化を遂げています。学校現場も例外ではありません。むしろ、そうした変化の影響を一番受けやすいのが、学校現場なのかもしれません。

本書は、校長や副校長、教頭など学校のリーダーの立場にある先生方、またこれから管理職をめざす先生方に向けて、新たな時代に即した「学校危機管理」の実践的な方法をまとめたものです。

いま、学校危機管理のうえで、最も重要な課題は災害対策でしょう。

未曾有の大惨事、東日本大震災からすでに一年以上が過ぎようとしています。あらためて、被災者のみなさまに哀悼の意を表するとともに、学校関係者はこの大惨事から多くのことを学ぶ必要があることを、強く訴えたいと思っています。

大災害の際、どうすれば被害を最小限に食い止め、学校や子どもたちを守れるのか。私は何度も現地へ足を運び、取材を重ねました。

そこであらためて痛感したことは、学校におけるリーダーシップとマニュアルの重要性です。本書で繰り返し述べたように、災害対策にかぎらず、防犯対策や保護者への対応、訴訟対策でも、管理職のリーダーシップと危機管理マニュアルが要となるのです。現場対応力のあるリーダーとしての心得と、実際に役に立つマニュアル作成の方法を、前著同様、理屈ではなく実践をモットーに、実例に即して書いたつもりです。

本書が学校の危機管理体制を見直すきっかけになれば、これ以上の喜びはありません。

私は、全国を廻って本書で述べたようなことを講演したり、個別にアドバイスしたりしています。そういうなかで、私が述べていることを正しく理解してくださる校長や副校長、教頭などのリーダーや、一般の先生方に数多く出会えることは、実に頼もしく、またうれしいことです。

本書は、そうした先生方との出会いの賜物といっても過言ではありません。本書をまとめるにあたっては、取材先の先生方をはじめ多くの関係者のみなさんにご協力いただきました。また、前著に引き続き大修館書店の伊藤進司さんにお世話になりました。この場を借りて、御礼申し上げます。

二〇一二年　六月六日

星　幸広

[著者略歴]

星　幸広（ほし・ゆきひろ）

1944年福島県南会津町生まれ。1963年千葉県警察官となる。警察大学卒業後、千葉県鉄道警察隊長、警察庁警備局（総理大臣警護責任者）、千葉県少年課長、千葉県大原警察署長、千葉南警察署長、地域部参事官等を歴任し、2002年退官。現在、千葉大学ジェネラルサポーター、ＮＰＯ法人ちば危機管理研究支援センター理事長。

著書に『実践 学校危機管理――現場対応マニュアル』『子育ての鉄則――道を誤らせないために』（以上、大修館書店）、『先生！　親ってそんなに怖いんですか？――親対応の基本中の基本』（立花書房）、ＤＶＤ『学校の危機管理』（カヤ）、ＤＶＤ『幼稚園・保育園の危機管理』（大島研究所）などがある。

現場《げんば》対応力《たいおうりょく》を鍛《きた》える 学校《がっこう》リーダーシップ養成講座《ようせいこうざ》

NDC374/183p/19cm

初版第１刷 ― 2012年7月31日
第２刷 ― 2013年9月 1日

著者 ―――― 星《ほし》 幸広《ゆきひろ》
発行者 ――― 鈴木一行
発行所 ――― 株式会社 大修館書店
〒113-8541 東京都文京区湯島 2-1-1
電話 03-3868-2651（販売部） 03-3868-2291（編集部）
振替 00190-7-40504
［出版情報］http://www.taishukan.co.jp

装丁者 ――― 鳥居　満
編集協力 ―― 天野敬介／木村泰子／竹見佳子
印刷所 ――― 八光印刷
製本所 ――― 司製本

ISBN978-4-469-26736-5　Printed in Japan